AF590684

LA FAMILLE DE COURTARVEL

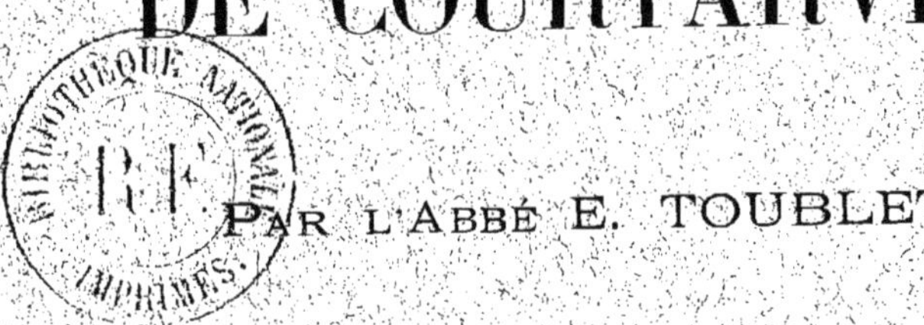

PAR L'ABBÉ E. TOUBLET

MAMERS
IMPRIMERIE FLEURY, 28, PLACE DE LA RÉPUBLIQUE

1913

LA FAMILLE

DE COURTARVEL

CHATEAU DE LA LUCAZIÈRE, A MONT-SAINT-JEAN

(Dessin de M. Paul Verdier)

LA FAMILLE
DE COURTARVEL

PAR L'ABBÉ E. TOUBLET

MAMERS
IMPRIMERIE FLEURY, 28, PLACE DE LA RÉPUBLIQUE

1912

Extrait de la Revue historique et archéologique du Maine.

Tome LXXI, 1912.

LA FAMILLE

DE COURTARVEL

Situé au Nord de Sillé-le-Guillaume, en la paroisse de Mont-Saint-Jean, le domaine de Courtarvel dépendait de la baronnie de Sillé.

Quelques lignes sur cette baronnie nous semblent dès lors indispensables au début d'une étude où elle occupera le premier rang dans la hiérarchie féodale.

D'origine très ancienne, la baronnie de Sillé remonte à l'établissement même de la féodalité et conserva une grande importance pendant tout le Moyen-Age. Elle relevait, pour quelques fiefs, de Touvoie ; pour la majeure partie, de Mayenne (1). Sa mouvance s'étendait sur 24 paroisses. Elle avait droit de haute, moyenne et basse justice et une cour composée d'un bailli, d'un lieutenant, d'un avocat-procureur fiscal et d'un greffier.

Depuis la fin du Xe siècle jusqu'au milieu du XVe, la baronnie de Sillé-le-Guillaume fut possédée par la famille

(1) La mouvance de Sillé comprise dans la juridiction de Mayenne s'étendait sur Sillé, Saint-Rémy, Crissé, le Grez, Orthe, Saint-Germain de Coulomer, Classé, Roufrançois, Mauluy, Beaugency, à Saint-Georges-le-Gaultier, Douillet, Courtoussaint, la Droulinière, la Bouteveillère, Montreuil-le-Chétif et Mont-Saint-Jean en entier. Dans toute cette circonscription on suivait les usages de la Coutume de Mayenne.

de Sillé dont un des membres les plus connus, Robert II (1330-1361), épousa la Bienheureuse Jeanne-Marie de Maillé, et dont la dernière représentante, Anne de Sillé, devint la femme de Jean I de Montjean (1).

En 1463, Jean II de Montjean, vendit Sillé à Bertrand de Beauvau, baron de Pressigny en Touraine, lequel fit rebâtir, tel que nous le voyons aujourd'hui, le château détruit par les Anglais en 1433.

Dans les siècles suivants, la baronnie de Sillé reste aux mains d'illustres familles, mais elle est abandonnée par ses propriétaires qui habitent au loin et la considèrent comme une simple terre de rapport, se bornant à faire valoir leurs droits par des hommes d'affaires.

De nos jours encore, la forêt demeure la propriété de la famille d'Uzès.

Au point de vue féodal, la paroisse de Mont-Saint-Jean, berceau de la famille de Courtarvel, relevait tout entière de Sillé : Les Mottes du Mesnil, de la Bermondière, de Courtarvel, la Motte Pichard, la Lucazière, la Cour de Cordé, Combran, directement à foi et hommage lige ou simple ; les seigneuries et domaines de Courtarvel, Mondan, Cordé, la Bermondière, Quincampoix, indirectement par les fiefs de Saint-Berthevin. Ces fiefs de Saint-Berthevin comprenaient dans leur ressort les domaines de Courtarvel, la Bermondière, Quinquempoix, la Bouteveillère, la Bouffayère, Mondan, la Vau, Corday, en Mont-Saint-Jean, la Bouguelière et Besche, en Douillet, Bures, en Montreuil, Louvigné et Louziers, en Assé-le-Boisne, et la Moussaye, en Saint-Pierre-sur-Orthe. Nous n'en connaissons pas l'origine ; nous savons seulement qu'ils appartenaient au seigneur de Sillé, qui les tenait du seigneur d'Orthe. Les seigneuries

(1) Voir pour la succession des seigneurs de Sillé, Pesche, *Dictionnaire*, t. VI, p. 135. — Hucher, *Etude sur les monuments de la Sarthe : Notice sur Sillé-le-Guillaume*, p. 175. Les origines féodales de la famille de Sillé ne sont pas, jusqu'ici, définitivement établies.

du Mesnil et de Timon relevaient du fief de Chauffour, à Crissé, qui reportait à Sillé.

Dans le cours des siècles, les seigneurs de Courtarvel parviendront peu à peu à acquérir tous ces fiefs et les annexeront à leur terre de la Lucazière.

LES SEIGNEURS DE COURTARVEL

Une tradition conservée dans la famille de Courtarvel fait remonter son origine à Rouel ou Ruellus, patrice romain qui commandait dans le Maine au nom des Romains. Le Paige, dans son *Dictionnaire*, en fait mention au XVIIIe siècle. L'étymologie latine de Courtarvel, *Curia-Ruelli* prêtait une certaine vraisemblance aux inductions des généalogistes. La découverte des ruines de la villa gallo-romaine, près du lieu de Roullé, est venue donner une autorité nouvelle à cette tradition de famille. Le mot Roullé vient évidemment du latin et signifie domaine de Ruellus. *Curia-Ruelli*, comme il est constamment désigné dans les chartes de Champagne au XIIIe siècle, a la même signification : *Curia* veut dire domaine rural, et a pour synonyme en basse latinité *Curtis*, d'où l'on a fait *court*. *Curia-Ruelli* s'est traduit en français par *Court-à-Rouel* et *Courtarvel*. L'ortographe de ce mot a varié avec les temps : on trouve *Cortarrevel*, *Courtarouvel*, *Courtarouel*, *Courtarvel* et *Courtalvert* (1).

La villa gallo-romaine de Roullé fut détruite à la fin du troisième siècle, ainsi que l'indiquent les médailles trouvées dans les ruines. Elle ne fut jamais rebâtie. Les descendants des premiers propriétaires allèrent-ils fixer leur demeure dans un endroit plus facile à défendre ? C'est une question à laquelle les documents n'apportent aucune solution.

(1) Voir : E. Hucher, *Notice sur la Mosaïque de Roullé (Monuments de la Sarthe*, p. 239).

Mais il est un fait significatif, c'est que le principal seigneur du pays choisit une position très forte pour y élever son manoir, à quatre kilomètres de Roullé, et lui donne le nom de *Curia-Ruelli.* Est-ce en souvenir de son ancêtre *Ruellus ?* Tout porte à le croire, puisque la tradition de famille se trouve corroborée par les découvertes récentes de l'archéologie.

Le château de Courtarvel fut sans doute bâti au XIe siècle, ruiné et rebâti à plusieurs reprises ; il était déjà abandonné au commencement du XVe siècle (1).

Il ne reste plus aujourd'hui que des ruines informes de l'ancien castel, au milieu des broussailles et des futaies, qui ne laissent apercevoir aucune trace de fossés et de murailles ; seuls quelques pans de murs indiquent la place du donjon. La position était admirablement choisie pour établir une forteresse. Assise sur un rocher à pic, elle dominait un ravin profond creusé par la rivière d'Orthe, en face des pentes abruptes et sombres du rocher de la Chalousière, dans un site où la nature semble avoir réuni les tableaux les plus pittoresques. Le château était fortifié de trois côtés par l'escarpement naturel de la colline : à l'est il avait fallu accumuler les moyens de défense pour protéger les trois enceintes par des fossés et des murs.

Du haut du donjon la vue se portait au sud sur la forêt et sur les bois de la Foutelaie, à l'Ouest du côté d'Orthe, au Nord sur la forêt de Pail, Saint-Léonard-des-Bois, et jusqu'aux Buttes-Chaumont, en Normandie, à l'Est sur la forêt de Perseigne à l'horizon, sur Fresnay et Montreuil.

Le seigneur qui habitait là était bien le maître du pays.

(1) Au commencement du XVe siècle, le château de Courtarvel était abandonné. Foulques dans son aveu de 1414 parle de son habergement de Courtarvel, nommé Landonnière, sis au-dessous de la Motte. Il avait sans doute fait construire une habitation au pied de la colline où était perchée la forteresse.

En 1473, il déclare « son manoir de Courtarvel sur lequel a une tour ancienne avec les douves fossés environ ».

L'antiquité de la famille de Courtarvel est incontestable ; mais il y a des limites que les investigations des historiens ne peuvent franchir : les seuls documents qui nous restent sont, à part quelques titres du chartrier de la Lucazière, les Cartulaires de la Couture, de Champagne et de Bellebranche, et ne nous offrent que des données peu explicites sur la filiation des premiers seigneurs.

Au XIIe siècle, apparaît Gullielmus Suart, qualifié de Dominus de Courtarrevel, dans un acte de l'abbaye de Champagne (1). C'est le premier seigneur connu de Courtarvel.

Geoffroy de Courtarvel paraît vers 1160 dans une charte de la Couture où de concert avec Guillaume de Sillé il fait une transaction avec les moines de la Couture au sujet d'un moulin qu'ils avaient fait construire à Saint-Rémy. Aux termes de cet accord les deux chevaliers devaient sur cinq boisseaux de mouture en prendre trois et les moines deux. C'était sous l'abbatiat de Ursion (1142-1164) (2).

Plus tard, Jourdain de Courtarvel fit donation aux moines de la part qu'il avait sur le moulin de Saint-Rémy du consentement de Geoffroy, son fils et héritier : un des témoins est Suart de Courtarvel, son parent (3).

Jourdain de Courtarvel remplissait les fonctions de sénéchal de Sillé et nous le voyons figurer en cette qualité dans un grand nombre d'actes.

Le 23 janvier 1209, il donne au prieur du Grez le droit de prendre son bois de chauffage dans la partie de la forêt de Bercon qui lui appartenait, pour fonder son anniversaire et celui de son fils aîné Geoffroy, décédé avant lui (4).

(1) M. Hucher, dans ses *Monuments de la Sarthe*, p. 215, donne le sceau de Guillaume Suart, qui est d'azur au sautoir d'or : après l'alliance de la famille de Courtarvel avec celle de Pezé, on ajouta aux armes : cantonné de 16 losanges d'or.

(2) *Cartulaire de la Couture*, publié par les Bénédictins de Solesmes, 1881, in-4°, p. 76.

(3) *Cartulaire de la Couture*, p. 71.

(4) *Cartulaire de la Couture*, p. 155.

En 1215 il donne au prieur de Saint-Rémy le droit de pacage dans les bois de Bercon, du consentement de Raoul son petit-fils et héritier (1).

Le cartulaire de Champagne relate aussi plusieurs donations faites par la famille de Courtarvel (2).

Julienne, fille de Jourdain, vend aux religieux de Champagne une vigne au fief de Esses, à Sillé, 1203.

Jourdain leur donne une maison à Neuvy, 1210.

En 1215, il leur vend un pré sur le chemin de Tennie, et cette vente est ratifiée par son petit-fils Raoul, par sa sœur Pétronille et par ses enfants, Eudes, Foulques, Geoffroy, Guillaume, Guérin, Martine et Pétronille.

Jourdin de Courtarvel, sénéchal de Sillé, donne à l'abbaye de Bellebranche deux sommes de vin pur, net et sans eau à prendre chaque année sur la part qu'il possède au pressoir du Fossé, 1221 (3). C'est le dernier acte de Jourdain de Courtarvel, sénéchal de Sillé. Il avait épousé Macée, fille de Guérin d'Orthe.

De l'ensemble des renseignements fournis par ces actes il est certain que Jourdain de Courtarvel était père de Geoffroy, mort avant lui, et grand'père de Raoul désigné comme son petit-fils et héritier (4).

Une autre branche de la même famille était établie dans le pays environnant. En 1228, André de Courtarvel et ses frères, Guillaume, clerc, Foulques et Gilles, ratifient une donation faite par Jourdain d'un hébergement à Cures. Ils étaient apparemment les fils puînés de Jourdain.

(1) *Cartulaire de la Couture*, p. 182.

(2) Les pièces suivantes, à moins d'indication contraire, sont extraites d'un *Etat par inventaire des titres de la maison de Courtarvel produit pour en justifier la noblesse, le 31 mai 1780.* Cette analyse fut faite par Jacques-René Bachelier, bailli de Courtarvel. Plusieurs copies sont conservées au chartrier de la Lucazière.

(3) Archives de la Sarthe, H. 72/37.

(4) Un acte de donation de 1200 confirme positivement cette filiation. *(Inventaire des titres de noblesse).*

Le fils aîné de Raoul semble être Geoffroy I de Courtarvel qui continue les libéralités de la famille en faveur de l'abbaye de Champagne. En 1229 il donne un demi arpent de vignes au fief de Esses, du consentement de sa femme Sibille de Montfaucon. En 1238, l'évêque du Mans confirme les propriétés de l'abbaye de Champagne où se trouve la Hubaudière, donnée par Geoffroy de Courtarvel. En 1242 et en en 1253 Geoffroy fonde des rentes sur le moulin de Cohardy, à Rouez.

Nous n'avons plus ensuite pour nous guider dans la généalogie de la famille de Courtarvel que les documents donnés par Le Paige, dans son dictionnaire : nous avons pu vérifier leur exactitude à partir du XVe siècle ; ce qui nous autorise à croire que les renseignements qui lui avaient été fournis avaient été puisés à des sources certaines.

Geoffroy II de Courtarvel épousa en 1256 Anne d'Aulsi. En 1268, son frère Foulques amortissait une rente de deux sommes de vin constituée par Geoffroi son père au profit de Champagne.

Geoffroy III de Courtarvel épousa en 1278 Marie d'Assigné, dont il eut André et Guillaume. Ce dernier eut un fils Jean, qui en 1346 reconnut à Champagne un legs de 15 sous fait par son frère.

André de Courtarvel épousa en 1301, Yolande de la Vove, dont il eut Jean, Pierre, René, Bouchard et Renaud.

Jean, l'aîné, mourut sans héritiers, probablement à la bataille de Crécy, 1346.

Pierre de Courtarvel, puîné, devint le chef de la famille. Il épousa en premières noces Suzanne d'Angennes, dont il eut deux filles, et en secondes noces Antoinette du Bellay. De ce second mariage naquit Foulques I de Courtarvel, qui épousa en 1377 Jeanne de la Lucazière.

Ces alliances avec les plus nobles familles du Maine avaient notablement augmenté les richesses des seigneurs de Courtarvel et leur donnaient le droit de figurer avec avantage parmi la noblesse de second rang.

Par un privilège assez rare la famille de Courtarvel s'est perpétuée depuis le XIIe siècle jusqu'à la fin du XIXe siècle.

LES SEIGNEURS DE COURTARVEL ET DE LA LUCAZIÈRE

FOULQUES I DE COURTARVEL ET JEANNE DE LA LUCAZIÈRE

Le mariage de Foulques de Courtarvel avec Jeanne de la Lucazière réunit dans les mêmes mains les possessions des deux familles les plus importantes de la paroisse de Mont-Saint-Jean. C'était le premier pas dans la voie de la domination féodale suivie avec ténacité jusqu'au XVIIIe siècle.

Une famille, nommée de la Lucazière, possédait de temps immémorial un hébergement ou château bâti sur les bords de l'Orthe et une seigneurie qui s'étendait sur une certaine quantité de terres aux environs. A ce domaine de la Lucazière était annexé le fief de la Motte-Pichart, relevant à foi et hommage lige de la baronnie de Sillé à charge de huit jours et de huit nuits de garde au château de Sillé.

Nous ne connaissons que très imparfaitement la succession des seigneurs de ce fief.

Le premier document où il soit fait mention de la Lucazière est tiré du cartulaire de l'abbaye d'Etival-en-Charnie.

L'abbesse Béatrix afferme par bail à dame Alix de la Lucazière toutes les dimes que l'abbaye possédait à Mont-Saint-Jean dans le fief de la Lucazière pour une rente annuelle et perpétuelle de deux setiers de seigle, de deux setiers d'avoine et de 70 sols (octobre 1248) (1).

Cette rente fut payée jusqu'à la Révolution.

Jourdain de la Lucazière, clerc, est cité comme témoin

(1) Archives de la Sarthe, H. 84/1.

CHATEAU DE LA LUCAZIÈRE, A MONT-SAINT-JEAN

Façade principale

(Dessin de M. Paul Verdier)

dans une charte concernant le prieuré d'Auvers-le-Hamon (1292) (1).

Au mois de janvier 1307, Jourdain de la Lucazière délivre à l'abbaye de Champagne une reconnaissance de dix sols de rente léguée par son père, nommé aussi Jourdain, sur le moulin de la Lucazière (2).

Jeanne de la Lucazière avait hérité de la seigneurie paroissiale de Saint-Germain de Coulamer échue à ses ancêtres à une époque qu'il ne nous a pas été possible de déterminer.

Foulques I de Courtarvel combattit avec les seigneurs Manceaux contre les Anglais sous les ordres du duc d'Alençon, et fut obligé de vendre plusieurs domaines pour payer les frais de ses campagnes.

En 1379, Foulques vend à Gervais Duclos, prêtre, une rente de deux setiers de froment, bon, sec et net, mesure de Fresnay, sur le domaine de la Chesnais, paroisse de Bethon. Il vend à Jean du Tronchet la terre de la Selle pour une rente de 60 livres tournois au capital de 650 livres avec faculté de rachat.

Foulques I de Courtarvel mourut vers 1401. Sa veuve, Jeanne de la Lucazière, garda l'administration de ses biens propres jusqu'à sa mort en 1416.

En 1402, elle conclut un accord avec Guillaume de Classé au sujet de l'étang de Classé qui était mitoyen entre eux ; elle possédait sur le moulin de Classé une rente de 128 boisseaux de blé, 2 boisseaux de gruau et 5 livres d'argent.

(1) *Cartulaire de la Couture*, p. 312.

(2) Chartrier de la Lucazière, titre latin sur parchemin.

Toutes les pièces que nous citerons dans le cours de cette étude sont ou analysées dans l'Inventaire, ou en original dans le chartrier de la Lucazière, que M. le vicomte de Dreux-Brézé a mis gracieusement à notre disposition. Nous le prions d'agréer ici l'hommage de notre plus sincère reconnaissance.

En 1415, elle achète de l'abbé de Perseigne les dîmes que celui-ci possédait en Saint-Germain de Coulamer et Saint-Pierre-la-Cour en échange d'une rente de 38 sols sur une maison de la ville d'Alençon (1).

Le 14 février 1413 (v. s.) Jeanne de la Lucazière rendait aveu de foi et hommage simple à Me Jean de Montjean, baron de Sillé par sa femme Anne de Sillé, pour son habergement de la Lucasière, son domaine, son moulin, sa métairie de la Chatellière, et pour les fiefs qui en relevaient (2).

En 1416, elle chargea son fils Jean de Courtarvel, prêtre, de faire en son nom aveu de foi et hommage pour sa métairie de la Bouffayère, dont une partie relevait des fiefs de Saint-Berthevin. Le 13 juin 1416 elle fit don à Jean de Courtarvel du féage de la Couperie que tenait Jean Ferquin, seigneur de Roufrançois (3).

Jeanne de la Lucazière mourut peu de temps après, laissant au moins quatre enfants :

1° Foulques II de Courtarvel, l'aîné ;

2° Jean de Courtarvel, prêtre ;

3° Guillaume de Courtarvel, écuyer (4) ;

4° Jeanne de Courtarvel, épouse de Jean de Velles.

En 1417, les enfants faisaient le partage de la succession.

Jean, qui avait eu la Couprie, eut une part à vie seulement dans le lot de son frère Guillaume, qui eut les terres de Puiguyon, de la Mouardière et le revenu du Moulin de Combran.

Jeanne de Courtarvel qui avait reçu en dot la Métairie des Alleus, reçut 120 livres et une rente de cent sols sur le sieur de Champs.

(1) *Cartulaire de Perseigne*, publié par M. Fleury, p. 108.

(2) Voir aux Pièces justificatives l'aveu complet de la Lucazière.

(3) Chartrier de la Lucazière.

(4) Guillaume de Courtarvel servait comme écuyer dans la compagnie commandée par son frère Foulques, à Rouen, le 23 septembre 1415. *Le château de Sourches*, p. 90.

FOULQUES II DE COURTARVEL

Foulques II épousa Jeanne de Boiscornu, fille de Jean de Boiscornu, écuyer, seigneur de Sacé ; le contrat fut signé le 27 janvier 1406 (v. s.). La dot était de 1250 livres qui devaient servir à payer les dettes de Foulques, moyennant un remploi (1).

En 1403, il avait fait le retrait de la terre de la Selle sur Jean du Tronchet, paroissien de Chenay, à qui son père l'avait engagée précédemment.

En 1407, il maintint son droit d'épave mobilière et foncière dans sa seigneurie de Courtarvel.

Le 22 juin 1414 il faisait aveu à Sillé pour son fief de Courtarvel, relevant des fiefs de Saint-Berthevin : il cite son habergement de Courtarvel au-dessous de la Motte, son domaine de Courtarvel, appelé Landonnière, ses métairies de la Voye, de Gaudefras, la Buglère, la Chalousière ; les bois du Breil-Aubert, de la Foutelaye, des Layées, son moulin de Courtarvel, son moulin foulleret de la Bouffayère, son moulin à scier carreaux, les hommages et les cens qui lui sont dus. « Item mes droits de chasser, tendre, tésurer et faire hayes, courre et parcourre de jour et de nuit à toutes manières de bestes rouges, rousses et noires, et les poursuivre jusqu'à une pierre appelée la pierre de Monteputain, sise en la forêt de Bercon, ou chemin tendant de Mont-Saint-Jean à Sillé, par toute mad. terre et ailleurs et quand il me plaît, excepté seulement que au jour où vous et vos veneurs et vos gens chaceriez ou feriez chacer, en vostre forêt de Bercon, je ne puis chacer, tendre, tésurer en mad. terre et bois que j'ai environ vostre forêt, et si de fait je chaçais, tendais, tésurais et prenais bestes sauvaiges, moy ne scavant pas que vous y chaciez, je suis tenu de

(1) Chartrier de la Lucazière.

vous rendre les bestes par moy prinses, sans amende » (1).

Foulques II de Courtarvel servit de bonne heure dans les armées du roi de France : en 1392, il était déjà écuyer dans la compagnie de Jean de Neuville. En 1415, lors de la bataille d'Azincourt, il commandait une compagnie de neuf écuyers, recrutés dans le pays : Jean de Lespinay, Thomas Gébert, Jean Picherel, Pierre du Chastel, Jean du Boiscornu, Guillaume Guillier, Guillaume de Courtarrevel, Guillaume de Vauguenin, Fouquet de Halay. Ses exploits lui valurent le titre de chevalier. Le 4 août 1418 il fut nommé capitaine du château de Beaumont-le-Vicomte qui venait d'être repris sur les Anglais, grâce au courage d'Ambroise de Loré.

Marie de Bretagne, duchesse d'Alençon, tutrice de son fils Jean II d'Alençon, sur l'avis de Foulques donna des ordres pour construire un moulin à blé à Beaumont, le 1er avril 1419, et délivra plusieurs mandats à son gouverneur pour le paiement des dépenses de la garnison.

Pendant l'année 1420 la guerre ensanglantait le Maine. Foulques de Courtarvel alla avec sa compagnie à la rencontre des Anglais et dans une escarmouche près de Durtal il fut fait prisonnier au mois d'août. Il fut délivré par l'entremise du duc de Berry. Le Dauphin lui accorda le 26 octobre 1420 une sauvegarde « en considération de ses services dans les guerres contre les Anglais, contre lesquels il avait fait plusieurs beaux faits d'armes et desquels il avait été fait prisonnier à Durtal en Anjou, ayant perdu ses chevaux et équipages, étant parti du château de Beaumont dont il était capitaine » (2).

La guerre recommença au printemps de l'année 1421. Foulques fut convoqué pour se rendre avec sa troupe en

(1) Voir aux Pièces justificatives le premier aveu complet de Courtarvel.

(2) *Le château de Sourches et ses seigneurs*, par le duc des Cars et l'abbé A. Ledru, p. 89.

Anjou : mais auparavant il mit ordre à ses affaires, en ajoutant un codicille à son testament.

« Messire Fouquet de Courtarrevel, chevalier, seigneur du dit lieu de Courtarrevel, sain de pensée et entendement, sans aucune infirmité corporelle, prétendant aller suivre Monseigneur le Régent Daulphin à l'encontre de ses adversaires et ennemis, rordonne, loue, rattiffie, confirme du tout au tout le testament derrainement passé devant Jehan Chastel, tabellion, ajoutant ce qui dessoubs ». Suivent des recommandations pour payer ses dettes.

Exécuteurs testamentaires : Jeanne de Bois-Cornu, sa femme, Me Jehan de Courtarevel, Me Guillaume de Courtarevel, ses frères, Guillaume Bouchart et Jehan des Mezerettes (18 mars 1421) (1).

Quatre jours après, le 22 mars, il trouvait une mort glorieuse à la bataille de Baugé.

Il laissait deux enfants mineurs sous la tutelle de sa femme et de son frère Jean : Foulques III et Jeanne de Courtarvel.

La veuve de Foulques s'empressa de régler avec le duc d'Alençon les comptes de son mari pour le gouvernement du château de Beaumont. Le seigneur de Sillé fut assez généreux pour lui faire remise des droits de vente et rachat qui lui étaient dus pour la succession de Foulques I et de Jeanne de la Lucazière. Elle s'appliqua à réparer les brèches faites à sa fortune par la captivité et par les campagnes de son mari.

Elle maria en 1442 sa fille Jeanne de Courtarvel avec Jean II Grognet de Vassé, fils de Jean I et de Jeanne le Cornu, seigneur et dame de Sourches et de Vassé. La dot était de 200 sous royaux d'or. Son frère Foulques lui donna comme part de la succession de leur frère la terre de la Celle, en la paroisse de la Milesse, et cent sous de rente sur

(1) Chartrier de la Lucazière.

le seigneur de Champs. Jeanne de Boiscornu ratifia cet acte le 20 octobre 1443.

Jeanne de Courtarvel fut très malheureuse avec son mari, Jean Grognet de Vassé, qui était un dissipateur et un débauché comme nous l'apprennent les démêlés qui bouleversèrent la famille (1).

A l'époque de la mort de Foulques II de Courtarvel, la province du Maine était envahie par les Anglais : les forteresses de Saint-Cénery, Fresnay, Beaumont, Sillé et Sainte-Suzanne tombaient aux mains tantôt des Français, tantôt des Anglais. Sillé en particulier fut repris sur les Anglais par le connétable Arthus de Richemont qui amenait des troupes pour guerroyer contre le duc de Bourgogne, en 1412. Jean de Montjean et Anne de Sillé profitèrent de cette accalmie pour exiger les obéissances féodales des sujets de leur baronnie. Jean de Montjean mourut en 1418. Anne de Sillé se remaria avec Jean de Craon, seigneur de la Suze et Chantocé, qui mourut en 1432.

Sillé eut beaucoup à souffrir pendant une quinzaine d'années. Il était sans cesse pris et repris par les belligérants.

Après la trêve de 1417, les Anglais s'emparèrent du château de Sillé et grâce aux représentations de la comtesse du Maine, ils le rendirent.

En 1419 Gilbert de Hallsaff, bailli anglais d'Evreux, s'en empare et établit Robert Brout gouverneur. Les Français le reprennent ensuite : le comte de Salisbury en fait le siège au mois de septembre 1425 et s'en empare grâce à la connivence d'un traître, nommé Olivier le Forestier.

Ambroise de Loré s'en ressaisit peu de temps après.

C'est en 1433 que le château de Sillé fut ruiné par les Anglais après des péripéties très curieuses racontées par les chroniqueurs du temps.

Le comte d'Arondel, général de l'armée anglaise, après la

(1) Voir pour les détails *Le château de Sourches*, p. 91.

destruction de la forteresse de Saint-Cénery vint à la tête de 7 ou 8.000 hommes mettre le siège devant le château de Sillé, mais il est obligé de se retirer devant Gilles de Laval qui se porte à son secours.

Peu de temps après les Anglais de la garnison de Sainte-Suzanne font tomber une partie de la garnison de Sillé dans une embuscade et la font prisonnière. Ambroise de Loré livre le combat aux Anglais et délivre les prisonniers. Il établit Emery d'Anthenaise capitaine du château de Sillé.

Le comte d'Arondel, informé du départ d'Ambroise de Loré, vient de nouveau assiéger la place. Emery d'Anthenaise entre alors en composition avec le général anglais, et s'engage de lui livrer la place si avant six semaines les Français ne sont pas venus à son secours ; il donne des otages, et il est convenu que si les Anglais sont vainqueurs, il leur remettra le château de Sillé, que si au contraire les Français sont vainqueurs, Arondel rendra les otages et cessera toute attaque contre cette place.

L'armée française, au nombre de 6.000 hommes, commandée par le duc d'Alençon, Charles d'Anjou comte du Maine, le comte de Richemont, connétable de France, les maréchaux de Raiz et de Rieux, les seigneurs de Lohéac, de Chaumont, de Brissac, Jean de Bueil, comte de Sancerre, gendre d'Anne de Sillé, Ambroise de Loré, se range en bataille dans la plaine de l'Ormeau de l'Escament et provoque les Anglais à la bataille. Le comte d'Arondel, qui s'était retiré à Neuvillalais, s'avance pour observer la position des Français, et la trouvant trop avantageuse, se retire du côté de Neuvillalais derrière un ruisseau.

Les Français à leur tour n'osent pas l'attaquer dans la forte position qu'il occupait. Ils le firent sommer par un héraut de venir combattre à l'Ormeau de l'Escament ou de rendre les otages de Sillé. D'Arondel aima mieux prendre ce dernier parti que de risquer la bataille.

Les Français se retirèrent alors du côté de Sablé.

Le comte d'Arondel trahissant la foi jurée, vient au milieu de la nuit investir Sillé. A la pointe du jour il donne l'assaut au château de Sillé et l'emporte de vive force. Les tours et les fortifications furent complètement rasées.

Tel fut la fin du manoir de Sillé.

Anne de Sillé, veuve pour la deuxième fois, fut obligée de se retirer dans ses terres d'Anjou et ne reparut à Sillé qu'après la pacification.

Dans son dernier aveu au comte du Maine elle demande à être traitée sans amende pour n'avoir pas fait ses déclarations, parce que Sillé a été occupé par les Anglais pendant 30 années au moins.

Elle reprenait possession de son domaine vers 1450 et exigeait alors ses droits seigneuriaux.

Les manoirs de Mont-Saint-Jean furent aussi complètement ruinés à cette époque, s'ils ne l'étaient déjà.

FOULQUES III DE COURTARVEL

Foulques III épousa Catherine d'Arquenay, fille de Pierre, seigneur d'Arquenay et de Jeanne de Montgeroul, vers 1450 (1).

En 1457, Hugues d'Arquenay et sa sœur Catherine partagent la succession de leur père, de Jean leur frère et de Jeanne d'Arquenay, dame de Baubigné. La terre de la Paillerie ou Peillerie, à Evron, échut en partage à Catherine d'Arquenay (2).

Le 17 octobre 1459, Foulques III de Courtarvel rendait aveu à Sillé pour son fief de la Motte-Pichart.

La Motte-Pichart était un fief volant annexé à la Luca-

(1) Pierre d'Arquenay, fils de Jean d'Arquenay, tué à la bataille de Verneuil (1414), avait épousé Jeanne de Montgeroul, veuve de Jean de Logé, seigneur de Bois-Thibault. Il était mort en 1440.

(2) Voir pour la seigneurie de la Peillerie, A. Angot, *Dictionnaire de la Mayenne*, t. IV, p. 709.

zière et qui avait pour attribut féodal la Motte qui se trouve encore près du lieu du Breil : ce fief s'étendait sur le Breil, la Curelière en Saint-Rémy, sur les Bois de la Lucazière ou du Débat, enclavés dans la forêt de Bercon, et sur plusieurs maisons de la ville de Sillé qui devaient des cens et une chandelle de cire ardente au jour de Saint-Rémy.

« De vous noble et puissante dame Anne de Sillé, je Fouquet de Courtarevel, seigneur dud. lieu de Courtarevel, cognois être homme de foy lige au regard de votre baronnie de Sillé-le-Guillaume pour les choses héritaulx tant en fief que domaine desquelles la déclaration s'ensuyt :

Premièrement ma Motte-Pichart, qui est de mes appartenances de la Lucasière, avec les fossés d'environ.

Item mes boys de la Lucasière, qui sont en Bercon, contenant cent journaux de terre ou environ, esquels bois vous avez le tiers et le dangier toutes fois qu'ils sont vendus, et si je en avais à faire tant à mon chauffaige comme à faire charpenter les maisons de mes domaines et métairies de la Lucasière et les moulins d'icelle terre, j'en pourrois prendre et faire merc sans monstrée.

Sensuit les fois et hommages qui me sont dus au féage de la Motte-Pichart :

Etienne d'Aligny, pour son domaine de la Curelière.

Item Gervaise Hubert pour une maison et courtil, au Breil.

Item Gillet de Juillet, pour le Breil me doit 7 sols, 2 poules et deux cloches de gingembre pendant au cou de ses poules.

Item 14 maisons en la ville de Sillé, tenues censivement à charge d'une chandelle de cire ardente au jour de Saint-Rémy.

Esquelles choses susdites j'avoue avoir basse justice et mon ferme droict, et par raison desd. choses je vous suis tenu faire en la ville de Sillé-le-Guillaume, huit jours et huit nuits de garde par un chevalier ou un écuyer armé et appareillé suffisamment une fois en ma vie o avenant semonce à mes propres coûts et despens » (1).

Le 26 janvier suivant Foulques faisait aveu à Sillé pour le fief de Quincampoix, réuni à Courtarvel. Ce fief volant s'étendait sur Quincampoix, la Courveaulerie, les Rogeries, la Couperie, la Beudinière, Hautary, les Aprês, Yvré.

« De vous très-noble et puissante Dame Madame Anne de Sillé je Fouquet de Courtarvel, seigneur dud. lieu, tiens et avoue à tenir à foi et hommage-lige, au regard de vostre baronnie de Sillé-le-Guillaume, les choses héritaulx tant en fief que domaine dont la déclaration sensuit :

C'est ascavoir la place du Moulin de Quiquempoist et ses appartenances, lequel moulin fut anciennement baillé par mes prédécesseurs à cinq setiers de seigle, mesure de Sillé, à Guillaume Asselin, payable chacun an à la Toussaint ».

Suivent les censitaires.

Foulques de Courtarvel entreprit de revendiquer le droit de patronage de l'église de Mont-Saint-Jean. Ses droits étaient sujets à contestation, car le prieuré de Mont-Saint-Jean avait été fondé par le seigneur de Sillé en faveur de l'abbaye de Saint-Nicolas d'Angers et le prieur, qui était vassal de Sillé pour son fief, ne reconnaissait d'autre fondateur que le baron de Sillé. En 1690 Nicolas Parfait, prieur, maintenait dans sa déclaration à la princesse de Conti le droit de fondation à l'encontre des seigneurs de Courtarvel :

« Mon prieuré de Mont-Saint-Jean, maisons, jardins, vergers, garennes, dîmes, appartenances et dépendances, desquelles choses vous êtes ma vraie fondatrice tant en fondation ancienne que augmentation ainsi que je l'ai appris par anciens enseignèments et vous appartiennent toutes les prérogatives et prééminences de l'église de Mont-Saint-Jean » (2).

(1) Chartrier de la Lucazière.

(2) Archives de la Fabrique de Mont-Saint-Jean.

Foulques avait donc à lutter contre le prieur et le baron de Sillé. Il mit dans son jeu le curé de Mont-Saint-Jean qui ne put pas résister aux désirs du puissant seigneur. Me Robert Bouhenot, curé, avait reçu donation d'une maison et d'un jardin pour l'usage du presbytère de la part de la Desvronne, veuve de Habert de Guelton : cette donation ne pouvait être valable qu'avec l'agrément du seigneur du lieu : Foulques ajouta à la donation le pré de la Cure et le champ du Cormier, et exigea que le curé le reconnut comme fondateur de l'église et de la cure. Le 8 novembre 1466 il conclut avec le curé une transaction aux termes de laquelle Foulques de Courtarvel, comme seigneur de la Lucazière, fut reconnu seigneur fondateur de l'église de Mont-Saint-Jean, avoir droit de prière nominale, de sépulture et de faire mettre ses armoiries et épitaphes dans la dite église.

Ces droits étaient rappelés dans les déclarations du curé de Mont-Saint-Jean au fief de la Lucazière. Citons celui de Me François Maulny, en 1599 :

« Je m'avoue votre sujet pour l'ancienne fondation de mad. cure de Mont-Saint-Jean, laquelle je tiens de vous en garde et ressort, et à la charge du service divin et je suis tenu vous recommander et messieurs vos prédécesseurs au prone de la Grande Messe chaque dimanche avant tous les autres comme mon fondeur principal.

Item je m'avoue votre sujet à cause de ma maison où est de présent le presbytère, jardins et prés.

Lesquelles choses furent japiécza baillées par vous ou messieurs vos prédécesseurs à défunt maître Robert Bouhenot, prêtre, pour lors curé de Mont-Saint-Jean, à la charge de quatre anniversaires à chaque Quatre Temps, et de dix deniers de reconnaissance chaque année au jour de la Nativité Saint-Jean-Baptiste que je dois vous présenter avant les oblations, lesquels deniers vous devez ensuite porter à l'Offertoire ; et en cas de défaut par moi suis tenu de vous payer 7 sols 6 deniers d'amende » (1).

A l'occasion de la sépulture d'un membre de la famille de Courtarvel, probablement de Catherine d'Arquenay, femme de Foulques en 1466, l'église fut le théâtre de violences scandaleuses. Ambroise de Loré, seigneur de Cordé, de concert avec son ami Robert de Fontenelle, voulut s'opposer à l'inhumation du corps dans le chanceau, et brisa la litre et les armoiries qu'on avait posées autour de l'église. Le seigneur de Cordé agissait-il pour son propre compte par jalousie, ou bien à l'instigation du baron de Sillé ? Il est certain que tous les deux avisaient à déposséder Foulques du privilège auquel il tenait par dessus tout.

Foulques actionna immédiatement devant la Cour de Sillé Ambroise de Loré et Robert de Fontenelle pour rupture des litres et armoiries, le 25 janvier 1467.

L'affaire se termina par un compromis entre le baron de Sillé et Foulques de Courtarvel, qui convinrent de nommer six experts chargés d'en nommer un septième pour juger du droit de fondation de l'église de Mont-Saint-Jean. Nous ne connaissons pas la sentence de l'expert : la querelle fut assoupie pour le moment et devait se réveiller plus forte à la mort de Foulques.

Les droits de chasse étaient souvent l'objet de vives contestations. Le seigneur de Courtarvel avait établi dans ses bois de la Foutelaye une haie destinée à la capture des bêtes sauvages : les officiers de la baronnie de Sillé saisirent cette haie en 1457 et la détruisirent. Foulques entama immédiatement un procès qui ne fut terminé que le 13 mars 1485 par une sentence du bailli de Sillé qui le maintenait dans la jouissance de haie à prendre grosses bêtes dans la Foutelaye (2).

(1) Archives de la Fabrique de Mont-Saint-Jean.

(2) La haye à prendre grosses bêtes, partait de l'étang du Sénéchal se rendant du ruissel qui vient du moulin des Defais, jusque à la Tasse

Le 22 juin 1490, Louis de Beauvau, baron de Sillé, reconnut formellement à Foulques de Courtarvel le droit de chasser dans ses bois de Courtarvel et de la Lucazière toutes les fois qu'il lui plairait, de jour et de nuit, même quand les officiers de la baronnie chasseraient en la forêt de Sillé.

Les bois de la Lucazière, appelés aussi Bois du Débat, adjacents à la forêt et à la Foutelaye, appartenaient au seigneur de Courtarvel, qui avait droit d'y prendre son bois de chauffage et de charpente ; mais le seigneur de Sillé y avait le tiers et le danger, c'est-à-dire le tiers du prix de vente lorsqu'ils étaient exploités. Les ségraiers de la forêt suscitèrent de nombreuses chicanes à ce sujet et se livrèrent à des voies de fait contre les hommes du seigneur de Courtarvel.

Foulques prit part à toutes les guerres qui se succédèrent à cette époque et servit sous les ordres du duc d'Alençon qui lui délivrait des lettres d'écuyer de ses écuries, le 19 décembre 1468.

En 1473, il rendit aveu pour ses fiefs de Courtarvel, la Lucazière, la Motte-Pichart, Quincampoix à Me Antoine de Beauvau, chevalier, baron de Pressigny en Touraine et de Sillé, conseiller et chambellan du roy notre sire et président en sa chambre des comptes, bailly et concierge de son palais royal à Paris.

Après la mort de celui-ci, il renouvela ses aveux le 9 juin 1490 à son fils Louis de Beauvau, baron de Sillé (1).

de bois qu'on appelle le Defays de Sillé. Joignant les bois de la Foutelaye, elle fut démolie, rompue et abattue le 11 octobre 1457 par Jehan Champion, Pierre Marginet, Geffroy Daugeon, Ambroys Chemin, Jehan Gaillerie, gardes, qui furent condamnés à la remettre en état. (Archives de la Lucazière).

(1) Aveu à Louis de Beauvau, chevalier, baron de Précigné et Sillé, par Foulques de Courtarrevel, écuyer, seigneur de Courtarrevel, la

Foulques de Courtarvel mourut en 1502 dans un âge très avancé.

Il laissait un grand nombre d'enfants :

1° Ambroise de Courtarvel, l'aîné ;

2° Etienne de Courtarvel, prêtre, chanoine de l'église de Sillé ;

3° Jean de Courtarvel, écuyer, seigneur de Boisvinet, mari de Catherine de la Tour ;

4° Guillaume de Courtarvel, écuyer, s. de Courveaulle.

5° Guillemette, femme de Pierre Rabinart ;

6° Jeanne, religieuse d'Etival ;

7° Ysabeau, religieuse d'Etival ;

8° Françoise, religieuse du Pré.

LES SEIGNEURS DE COURTARVEL ET DE PÉZÉ

AMBROISE DE COURTARVEL DE PÉZÉ

Ambroise de Courtarvel, fils aîné de Foulques III de Courtarvel et de Catherine d'Arquenay, avait épousé, en 1480, Anne de Pézé, fille de Jean, seigneur de Pézé, et de Guyonne de Champagne. Il avait le titre d'enseigne d'une compagnie de 100 hommes d'armes, sous le maréchal de Baudricourt.

Lucazière, Saint-Germain par procuration donnée à ses fils Ambroise, s. de la Paillerie et Guillaume de Courtarvel :

1° Foi et hommage lige pour ma Motte ancienne sise aud. lieu de Courtarvel, sur laquelle a une tour ancienne.

2° Foi et hommage lige à cause de ma Motte nommée la Motte-Pichart, mes bois et féages de la Lucazière.

3° Foi et hommage lige pour le Moulin de Quinquempoix.

4° Foi et hommage simple pour mon hébergement dud. lieu de Courtarvel sis au-dessous de la Motte ci-dessus déclarée et pour toute ma terre de Courtarvel.

5° Foi et hommage simple pour mon habergement de la Lucazière en fief et domaine. (Chartrier de la Lucazière).

Pézé était un fief relevant en partie de la baronnie de Sillé, et en partie de la châtellenie de Tucé, réunie à Lavardin, et s'étendant sur la paroisse de Pézé, moins le bourg et le prieuré qui appartenaient à l'abbaye de la Couture et relevaient de Touvoie.

La justice haute, moyenne et basse avait son siège à la cour de Pézé.

Le premier seigneur de Pézé, révélé par les cartulaires, est Henri de Pézé qui figure comme témoin dans l'acte de fondation du prieuré d'Auvers-le-Hamon (1050). Quelques autres personnages du nom de Pézé apparaissent dans les actes (1).

Le plus ancien document historique où apparaît avec certitude le premier seigneur connu de Pézé, est un aveu du 4 juin 1304, par Jean I de Pézé, écuyer, à Foulques Riboule, seigneur d'Assé-le-Riboul et de Lavardin, pour les fiefs de la Chapelle-Saint-Fray, Vignolles et Courteille (2).

Il eut pour successeur Hugues de Pézé, qui eut deux fils, Jean et Hugues. Jean II, l'aîné, épousa Julienne de Courceriers et mourut jeune, laissant un fils unique, Guillaume de Pézé, sous la tutelle de Jean de Beauçay, 1390 (3).

Guillaume de Pézé épousa en 1393 Marie de Boisgency, fille de Jean de Boisgency et d'Ysabeau la Boisselle, d'où Jean III de Pézé, Hugues de Pézé, écuyer, et Jeanne de Pézé, femme de Jean Guyart (4).

(1) Hugues et Herbert de Pézé sont cités comme témoins dans une charte du prieuré d'Auvers-le-Hamon, en 1190. *Cartulaire de la Couture*, p. 129.

Grenaldus, Radulphus, Julianus et Johanna, filia defuncti Galterii de Pezeio, sont nommés parmi les censitaires de la Couture. (*Ibid*, p. 251).

(2) Chartrier de la Lucazière.

(3) Ces renseignements nous sont fournis par une enquête de 1402 sur les droits de chasse du seigneur de Pézé, dans la forêt de Sillé. (Copie aux Archives de la Lucazière).

(4) Vente de part héréditaire par Jean Guyart et Jeanne de Pézé, sa femme, à Jean de Pézé, de la succession de feu Guillaume de Pézé et de Marie de Boisgency, dame de la Mazure, 1er février 1443. (Chartrier de la Lucazière).

Jean III ajouta à ses possessions les seigneuries de Boisgency, à Saint-Georges-le-Gaultier, de la Coursure, à Assé-le-Boisne, et de la Mazure, à Crissé, du chef de sa mère. Il épousa Jeanne du Fresne, dont il eut Jean IV de Pézé, et Marie de Pézé, mariée en premières noces à Jean de Montesson et en secondes noces à Jean de Brécé (1).

Jean IV de Pézé épousa Guyonne de Champagne, fille de Jean de Champagne, seigneur de la Montagne et de Jeanne de Grazay.

De son mariage avec Guyonne de Champagne, il eut quatre filles :

1° Marie de Pézé, l'aînée ;

2° Anne de Pézé, femme d'Ambroise de Courtarvel ;

3° Marguerite, mariée en 1490 à Jean Garnet, seigneur de la Haulle (2) ;

4° Jeanne, femme de Gilles de Carné, s[r] de la Chapelle-Saint-Fray (3).

Il mourut le 9 avril 1491. Guyonne de Champagne lui survécut longtemps.

Ambroise de Courtarvel, du consentement de son père et au nom de ses frères et sœurs, conclut, le 19 mars 1477, une transaction définitive avec son oncle, Hugues d'Arquenay, pour la succession de Pierre d'Arquenay et de Jeanne de Mongeroul qui venait de décéder. Hugues cède à ses neveux le fief de la Paillerie, à Évron, les terres de Montcrintin, à Livet, et de la Roussière, à Saint-Christophe-du-

(1) Transaction entre Marie de Pézé, veuve de Jean de Montesson et en secondes noces de Jean de Brécé, et Jean, sieur de Favières et de Brécé, mari de Mathurine de Brécé, pour réclamer son domaine, 17 septembre 1504. Mathurine de Brécé, dame des Helberdières et de Chatillon, à Cossé-en-Champagne, épousa en secondes noces Guy d'Arquenay, 1536, et en 1540 Guillaume de Mégaudais, s. de l'Epinottière.

(2) Quittance de dot par Jean Garnet, mari de Marguerite de Pézé à Guyonne de Champagne, veuve Jean de Pézé, 7 juin 1491.

(3) Transaction sur la succession de Jean Pézé entre Gilles de Carné, mari de Jeanne de Pézé, et Ambroise de Courtarvel, qui cède à son beau-frère, la seigneurie de la Chapelle-Saint-Fray, 4 juin 1492.

Luat, les fiefs de Joigné et de la Bazoge, quatre hommées de prés, à Sainte-Suzanne ; les métairies de Souchettes et de la Sauvagère, à Néau, etc.

Ambroise portait alors le titre de seigneur de la Paillerie. Il eut à débattre, contre le baron de Sillé, ses droits de haute justice, dans sa terre de Pézé, et ses droits de chasse dans les bois de Pézé et de la Lucazière.

La haute justice de Pézé avait déjà été l'objet d'un débat en 1414 ; cependant, le baron de Sillé avait reçu sans protestation l'aveu de Guillaume de Pézé où il disait : « J'ai et advoue tenir en ma terre de Pézé, tant en la partie que je tiens de vous que en ce que je tiens du sire de Tucé, toute haute, moyenne et basse justice en grands chemins et dehors, excepté le chemin par où l'on va de Sillé à Beaumont, où que je avoue nul droit de justice ».

Jean de Pézé avait dû soutenir un procès contre les officiers de la baronnie de Sillé, pour le même objet, en 1471 ; il avait été condamné par le juge de Mayenne. Ambroise releva le procès devant la sénéchaussée du Maine, et le 15 novembre 1497, Me Pierre de Courthardy, licencié ès-lois, juge ordinaire de la Sénéchaussée du Maine, porta une sentence confirmant Ambroise de Courtarvel dans son droit de haute, moyenne et basse justice, comme ses prédécesseurs en avaient joui dans la terre de Pézé (1).

Quant au droit de chasse, il fut reconnu que Ambroise avait le droit de chasser, tendre, tésurer et faire haie, pour prendre toutes bêtes sauvages, rouges, rousses et noires, tant entre soleil couchant et levant, qu'autrement, toutes et quantes fois qu'il lui plairait, ès-bois et bruyères de Pézé, selon la teneur des anciens aveux.

A la mort de Jean de Pézé, 9 avril 1491, son héritage fut aussitôt partagé entre ses quatre filles. Dès le lendemain, l'aînée, Marie de Pézé, fit la déclaration suivante : « Consi-

(1) Chartrier de la Lucazière.

dérant qu'elle est d'âge ancien, qu'elle n'a point d'espérance d'enfant, n'étant pas mariée, que Jean de Pézé, son père, alla hier de vie à trépas, et qu'elle désire vivre contemplativement et songer au salut de son âme, elle ne veut pas se porter héritière de son père. » D'après la coutume du Maine, Anne de Pézé, femme de Ambroise de Courtarvel, avait droit aux deux tiers de la succession et eut en partage la nue-propriété de Pézé, de Boisgency et de la Coursure. Marie en devait garder l'usufruit jusqu'à sa mort.

Jean Garnet, s[r] de la Haulle, mari de Marguerite de Pézé, eut Vignolles et Courteille. Gilles de Carné, mari de Jeanne de Pézé, eut la Chapelle-Saint-Fray.

La mort de Foulques III de Courtarvel, en 1501, et sa sépulture dans l'église de Mont-Saint-Jean furent l'occasion d'un nouveau procès dont nous avons vu le premier acte en 1467. Le baron de Sillé et Ambroise de Loré, seigneur de Cordé, réclamèrent contre l'inhumation et contestèrent à Ambroise de Courtarvel le droit d'apposer des litres et armoiries.

Ambroise fit valoir ses droits ; il fit constater par une montrée l'existence du caveau, des litres et armoiries ; il provoqua la visite du vicaire général, 8 décembre 1502, 15 février 1503.

Le 11 mai 1503, il conclut une transaction avec le baron de Sillé, au sujet des droits honorifiques ; mais l'affaire n'était pas finie avec le seigneur de Cordé qui maintenait ses prétentions. Ambroise de Loré se désista de ses poursuites le 24 janvier 1506.

La cour de Sillé rendit un jugement favorable le 26 janvier 1507, mais dans des termes qui ne satisfirent pas le seigneur de Courtarvel.

Enfin, Ambroise et son fils aîné, Foulques, parvinrent à terminer, en 1510, le procès pendant depuis si longtemps et obtinrent gain de cause.

Ambroise de Courtarvel liquidait, le 13 avril 1502, la succession de Foulques III et de Catherine d'Arquenay, et faisait le partage à ses puinés.

Comme aîné, il avait droit aux deux tiers des biens nobles, selon la coutume du Maine. Il s'adjugea pour sa part les seigneuries de Courtarvel, la Lucazière, la Motte-Pichart, Saint-Germain de Coulamer, la Paillerie et les prés de Verneuil.

Jean de Courtarvel, s[r] de Boisvinet, eut la Roussière.

La Borerie, Montcrintin, la Sauvagère, Souchettes, furent dévolus à Guillaume, Jeanne, Guillemette et Ysabeau de Courtarvel.

Etienne de Courtarvel, prêtre chanoine de Sillé, et Françoise, religieuse à l'abbaye du Pré, eurent des rentes viagères.

Ambroise de Courtarvel, comme tous les nobles de la province, était sujet au ban et à l'arrière-ban, et devait au roi une déclaration de ses propriétés. Il fit cette déclaration le 26 février 1503 (1).

Nous en reproduisons les parties essentielles à cause de leur intérêt (2).

« Sensuit la déclaration des terres et seigneuries que je, Ambroys de Courtarouvel, baille à messieurs les officiers du Roy nostre sire, au Mans : premièrement, mes terres dud. lieu de Courtarouvel, la Lucasière et Sainct-Germain, sises ès-paroisses de Mont-Saint-Jehan et Sainct-Germain, tenues du baron de Sillé, du seigneur d'Orthe et de Courceriers, ès quelles terres j'ai basse justice, et lesquelles terres sont compousées de sept mettayries et deux courtilleries, avec les boys en ce qu'ils contiennent ; quatre étangs, quatre moulins à bled, un moulin à draps.

» Item, sept vingt chefs de poulailles ; item trois dîmes

(1) Ambroise de Courtarvel avait servi le roi en qualité de lieutenant enseigne d'une compagnie de cent hommes d'armes sous les ordres du maréchal de Baudricourt.

(2) Une pièce papier, du Chartrier.

de seigles et d'avoines et toutes lesquelles choses peuvent valoir 300 livres tournois de rente (1).

» Item, cy après sensuivent les hommages et cens dus à mes fiefs de Courtarouvel, la Lucazière et Saint-Germain...

» Item, sensuit la déclaration de ma terre de la Paillerie, en laquelle j'ai moyenne justice, deux métairies, deux courtilleries, les dites choses valant 50 livres de revenus, sises ès-paroisses d'Evron et de Sainte-Suzanne, tenues de monseigneur le duc d'Alençon à cause de sa seigneurie de Sainte-Suzanne.

» Item, cy après sensuit la déclaration de ma terre et seigneurie de Pézé, que je tiens à cause d'Anne de Pézé, mon espouze, en laquelle j'ai haute justice, laquelle est compousée de trois metayries, et six courtilleries, six petits étangs et boys, tenus du baron de Sillé et du seigneur de Tucé et Lavardin, le tout valant deux cens livres de rente.

» Item, cy après sensuit la déclaration de ma terre et seigneurie du lieu de Boisgency, sise paroisse de Saint-Georges-le-Gaultier, en laquelle j'ai droict de haute justice, laquelle est compousée de deux metayries, un moulin à draps et boys, desquelles choses jouit pendant sa vie Marie de Pézé ; le tout estimé 100 livres de rente ; tenu partie du baron de Sillé et partie du fief d'Orthe.

» Item, cy après sensuit la déclaration de ma terre, fief et seigneurie de la Coursure, en laquelle j'ai droit de basse justice, laquelle est compousée de deux metayries, un moulin à blé et boys.

» Lesquelles choses sises ès paroisses d'Assé-le-Boisne, Fresnay-le-Viconte et Sainct-Victeur, tenues du seigneur d'Assé-le-Boisne et du vicomte de Beaumont, et pour raison

(1) Le domaine de Courtarvel, la Lucazière et Saint-Germain comprenait alors les métairies de la Rogerie, la Jouaffrière, la Voye, la Buglère, la Chalousière, la Guyonnière et la métairie de Saint-Germain, les bois de la Foutelaye, de la Lucazière, des Brosses ou Layées, du Breil-Aubert.

des quelles choses je confesse être subject à l'arrière-ban du Roy, nostre sire, toutes fois qu'il luy plaît mander les nobles du pays du Maine, et le servir à cheval en la manière que sensuit : c'est ascavoir que quant je fus mis hors de l'ordonnance du Roy, que je étois garni de hernoys blanc et de chevaux ; je le suivis à cheval, en hernoys blanc et après je l'ai servi en brigandines, ainsi que mes prédécesseurs et moy avons accoustumé en son royaume, en me payant comme les autres ainsi qu'il est coustume, après ce que j'avois fait mon devoir de chevalier, comme chacun doit au Roy, et en témoignage de ce je rends la présente déclaration signée de ma main. A. Courtarouvel. »

Ambroise de Courtarvel habitait ordinairement le château de Pézé ; après la mort de son père, il fit restaurer le château de la Lucazière. Il y fit construire une chapelle en l'honneur de saint Jean-Baptiste, et la dota du bordage des Aprés. Cette chapelle était terminée en 1507 ; il abandonnait au prieur et au curé les offrandes qui étaient données par les fidèles le jour de Saint-Barthélemy, anniversaire de sa consécration (1).

Il avait obtenu du Pape un bref par lequel il était accordé à lui, à Anne de Pézé, son épouse, et à leurs enfants, la permission de choisir un prêtre pour leur dire la messe et célébrer l'office en quelque lieu que ce fût, avec pouvoir d'absoudre en tous cas et autres permissions (2).

Anne de Pézé mourut en 1509. Ambroise de Courtarvel,

(1) Du vingt-six juin mil cinq cens et sept, nous notaire étant présent au lieu et cour de la Lucazière en une chappelle de nouvel édiffiée audit lieu, et la estoients présents d. p. Me Fouques de Lavau, prêtre, fermier du prieuré, et Me Jehan Langevin, prêtre, fermier de la cure de Mont-Saint-Jehan, auquel lieu estoit aussi présent M. H. Ambroise de Courtarvel, écuyer, s. dud. lieu, lequel bailla auxd. fermiers les oblations et offrandes qui estoient en lad. chapelle du jour de monsieur Sainct Barthelemy dernier passé, comme chandelles de cire et argent pour les départir entr'eux. (Archives de la Fabrique).

(2) Titres honorifiques de la famille de Courtarvel.

de concert avec son fils aîné, Foulques, fonda une chapelle dans l'église de Pézé et la dota du lieu de l'Aitre-des-Champs, le 26 juin 1509.

Avant de mourir, Anne de Pézé avait fait à son mari un acte de donation mutuelle de tous ses biens. Ambroise renonça au profit de cette donation en faveur de son fils aîné, Foulques, qui lui céda sa vie durant la terre de la Coursure et de Montpinçon, à charge de payer dix livres de rente à l'abbesse du Pré, pour Françoise de Courtarvel, religieuse professe de cette abbaye.

Foulques prit les titres de seigneur de Pézé, Boisgency, la Coursure.

Ambroise jouit de ses biens propres, Courtarvel, la Lucazière, Saint-Germain et la Paillerie. Il augmenta ses propriétés de Mont-Saint-Jean par l'acquisition du fief de la Bouteveillère (1), qu'il acheta en 1507, des héritiers de Jean Carré, et de la Grande-Mouardière, qui lui fut donnée par Ambroise de Boiscornu, sa tante, en 1506.

Ambroise de Courtarvel mourut en 1525. Il avait eu de nombreux enfants :

1° Foulques IV de Courtarvel, l'aîné ;

2° Lancelot de Courtarvel, prêtre, prieur de Saulges ;

3° Jacques de Courtarvel, seigneur de la Paillerie ;

4° Marguerite de Courtarvel, mariée en 1506 à François de la Rouveraye, seigneur de Bressault et de la Suhardière (2) ;

(1) La Bouteveillère était un petit fief relevant de Sillé et s'étendant sur la Bouteveillère, la Rainerie, les Touches, etc.

Ce fief appartenait en 1416 à Jean Bouteveille ; en 1448 à Jeanne, veuve de Guillaume de Herbelin ; en 1486 à Jean Carré.

(2) Quittance de dot 2500 livres par François de la Rouveraye, mari de Marguerite de Courtarvel, fille d'Ambroise de Courtarvel et d'Anne de Pezé, 27 août 1506.

François de la Rouveraye était fils de Jacques de la R. et de Gillette d'Andigné : il fut le père de Claude de la Rouveraye, mari de Urbaine de Beaumanoir, dame de Pantigné, à Auvers-le-Hamon.

5° Yolande de Courtarvel, mariée en 1506 à Jean Chapelain, s[r] de la Tremblaye (1) ;

6° Cécile de Courtarvel, mariée en 1518 à Jacques de Beauvilliers (2) ;

7° Louise de Courtarvel ;

8° Françoise de Courtarvel, religieuse du Pré.

FOULQUES IV DE COURTARVEL DE PÉZÉ

Foulques IV de Courtarvel, fils aîné d'Ambroise de Courtarvel et d'Anne de Pézé, servit comme lieutenant enseigne de 100 hommes d'armes, sous les ordres du duc d'Alençon. Il prit part à toutes les campagnes du règne de Louis XII et de François Ier.

Le 6 mai 1512, il recevait une convocation du commissaire qui le mandait de se trouver au rôle de l'arrière-ban. Le roi voulait venger la mort de Gaston de Foix, tué à la bataille de Ravenne, le 11 avril précédent. Il fit la campagne d'Italie avec François Ier, sous les ordres du maréchal de la Palisse et assista à la bataille de Marignan, 1515.

Il profita de la paix qui suivit cette victoire pour contracter mariage. Il épousa, le 19 septembre 1516, Françoise d'Avaugour, fille de Pierre d'Avaugour, chevalier, seigneur de Courtalain, Bois-Ruffin, Saint-Elyphe, du Grand-Bouchet et du Rameau, et de Catherine de Saint-Pern. C'était un brillant mariage qui l'unissait à l'une des plus nobles familles du royaume.

Il fut convoqué en 1523 au rôle de l'arrière-ban, mais il ne put s'y rendre pour cause de maladie ; il produisit des certificats de service et particulièrement une lettre de M. de la Palisse, maréchal de France, qui constatait qu'il avait

(1) Jean Chapelain était fils de Pierre Chapelain s. de la Doulce. Il donna quittance de la dot de sa femme le 10 novembre 1509.

(2) Quittance de dot du mariage de Jacques de Beauvilliers, fils de Léonard de B. avec Cécile de Courtarvel. 5 novembre 1530 et 28 janvier 1531.

bravement fait son devoir dans les campagnes d'Italie, 18 décembre 1523.

Il était alors réellement malade ; il faisait son testament le 15 juillet 1523. Il revint à la santé.

Après la mort d'Ambroise, son père, il fit le partage de la succession. Il céda à son frère puîné, Jacques, la seigneurie de la Paillerie, à la condition toutefois, que si celui-ci mourait sans héritiers directs, la Paillerie ferait retour à l'aîné, 1525 (1).

En 1532, Foulques de Courtarvel et Françoise d'Avaugour réglaient la succession de Pierre d'Avaugour, seigneur de Courtalain, avec Jacques d'Avaugour, fils aîné. Celui-ci reconnut comme part d'héritage à sa sœur, 4.000 livres, la propriété de la seigneurie du Grand-Bouchet, et les deux tiers de la seigneurie du Rameau.

Les pièces du chartrier de la Lucazière ne nous donnent aucun renseignement sur les campagnes que Foulques de Courtarvel dut faire sous le règne de François Ier. Nous savons seulement, par son testament, qu'il avait eu le commandement du château de Chantelles et qu'il avait été élevé à la dignité de chevalier.

Il mourut en 1533 ; le 27 septembre, sur son lit de mort, il dictait son testament, empreint des plus vifs sentiments de foi (2). Il nommait exécuteurs testamentaires ses vieux amis : Antoine de Vassé, Charles Pérot, seigneur de Vernic, son frère Lancelot de Courtarvel, prieur de Saulges, et dame Françoise d'Avaugour, sa bonne épouse. Il fut enterré dans l'église de Mont-Saint-Jean.

Il laissait un grand nombre d'enfants :

1° Jacques de Courtarvel, l'aîné ;

(1) Voir aux pièces justificatives le testament de Foulques de Courtarvel.

(2) *Ibid.*

2° Christophlette, fiancée, en 1527, à Paul Chapelain, sieur de la Doulce (1) ;

3° Louise, religieuse du Ronceray, prieure d'Avenières, 1574, morte en 1609 (2) ;

4° Pierre de Courtarvel, seigneur de Boisgency, tige d'une nombreuse famille, établie à Boisgency et à Corbon ;

5° Françoise de Courtarvel, femme de Guillaume de Mégaudais ;

6° Catherine, religieuse ;

7° Jeanne, religieuse à l'abbaye de Saint-Avit, 1553 ;

8° Charles de Courtarvel, sieur de Montcrintin, la Varye, mort en 1570 (3) ;

9° N. de Courtarvel, mort sans héritiers.

Dame Françoise d'Avaugour fut établie, par justice, bail et garde noble de ses enfants mineurs ; mais elle ne tarda

(1) 5 avril 1527. Constitution de 100 l. de rente en dot par Foulques de Courtarvel à Christophlette de Courtarvel sa fille, en vue du mariage projeté avec Paul Chapelain, s. de la Doulce.

9 avril 1527. Amortissement par Foulques à Paul Chapelain de 100 l. de rente sur la Voie et la Jouaffrière. (Chartrier de la Lucazière).

(2) Louise de Courtarvel, religieuse du Ronceray, prit possession du Prieuré d'Avenières par procuration datée du château des Rues, en Chevillé, 1574 ; assistait aux assises du prieuré, 1581 ; résignait en septembre 1584, et mourait à Angers le 31 mai 1609, « miroir de religion, mère des pauvres, zélatrice infatigable de l'office divin ». A. Angot, *Dictionnaire*, art. Avenières.

(3) Montcrintin, à Livet-en-Charnie, fief relevant de l'Aunay-Péan, venu à la famille de Courtarvel par héritage de Jeanne de Montjeroul, femme de Jean de Logé, puis de Guillaume d'Arquenay. Ambroise de Courtarvel en était seigneur en 1499.

Charles de Courtarvel, son petit-fils, eut en partage Montcrintin. Il mourut au logis seigneurial de la Varye, à Mont-Saint-Jean, en 1570. Il avait épousé Catherine de la Rouhaudière dont il eut quatre filles :

Suzanne, mariée à François du Bois, s. d'Etival.

Françoise, mariée à Jean des Loges.

Jeanne, mariée à Olivier de Surmont, s. de la Motte.

Louise, morte en 1625.

Montcrintin fut vendu à Louis de Montécler, en 1574.

A. Angot, *Dictionnaire de la Mayenne*, art. Montcrintin.

pas à se remarier à René de Velles, seigneur de Courtimont, dont elle eut une fille, Renée, qui épousa en 1554, Mathurin de Rougé, chevalier, seigneur des Rues, à Chevillé.

Jacques de Courtarvel, seigneur de la Paillerie, fut alors nommé curateur de ses neveux. Nous le voyons, en 1540, payer le déport de minorité aux seigneuries dont les biens de la famille relevaient, et fournir aux commissaires du roi les titres justificatifs de la noblesse de son neveu (1).

JACQUES DE COURTARVEL DE PÉZÉ

Jacques de Courtarvel prit du service dans les armées du roi aussitôt qu'il eut atteint l'âge de vingt ans. Nous le voyons successivement lieutenant-enseigne de la compagnie du seigneur de Vassé, capitaine de cinquante hommes d'armes, sous les ordres du maréchal de Montjean, chevalier de l'ordre de Saint-Michel, et gentilhomme ordinaire de la chambre du roi.

Il contracta mariage le 23 juin 1544, avec Suzanne de Thoinon, fille de René de Thoinon, sieur du Pont-de-Varennes, et d'Ysabeau de Rézay, dame de Saint-Rémy.

La famille de Thoinon, d'origine angevine, possédait les seigneuries de Pont-de-Varennes, en Anjou, et de Saint-Rémy, près de Niort, qui furent apportées aux Courtarvel par le mariage de Suzanne de Thoinon (2).

Jacques de Courtarvel suivit le roi Henri II dans ses campagnes contre le roi d'Espagne ; il se fit remarquer par sa valeur au siège de Metz, en 1553, à la bataille de Saint-

(1) Jacques de Courtarvel, seigneur de la Paillerie, avait épousé Florentine de Saint-Loup. A sa mort, la Paillerie fit retour à Jacques de Courtarvel de Pézé, en 1577.

(2) Pont-de-Varennes était une seigneurie de la paroisse de Varennes-sous-Montsoreau, qui resta au pouvoir de la famille de Courtarvel jusqu'à la fin du XVIIe siècle.

Quentin, en 1557, où il reçut plusieurs blessures, et en 1558, à la bataille de Gravelines où il fut encore blessé et fait prisonnier.

Suzanne de Thoinon demanda au Présidial d'Angers l'autorisation de jouir de ses biens pendant la captivité de son mari. Jacques était libéré en 1559.

Le 26 mars 1557, il fit avec sa sœur, Françoise, le partage de la succession de son père ; il lui reconnut 3.500 livres, la jouissance de Courteilles, à Crissé, de Pézereuil, à Pézé, et de la Thurillère, à Mont-Saint-Jean. Sa mère, Françoise d'Avaugour, consentit à lui faire certains avantages par avancement de droit successif en vue de lui faciliter un mariage convenable.

Françoise de Courtarvel s'était laissée séduire par les prédicants de la religion calviniste et par les avances de Guillaume de Mégaudais, seigneur de l'Épinotière (1). Françoise d'Avaugour ne voulut pas entendre parler de mariage avec l'un des plus farouches protestants de cette époque. Guillaume de Mégaudais passa outre, enleva Françoise et l'épousa clandestinement.

A cette nouvelle, Françoise d'Avaugour, qui habitait au château du Grand-Bouchet, paroisse de Choue, donna procuration à son fils, Jacques de Courtarvel, pour poursuivre le sieur de Mégaudais, ravisseur de sa fille, le 15 juillet 1559, et en même temps elle faisait un acte de révocation du don fait le 17 septembre 1557 et déshéritait sa fille de sa succession, pour cause du mariage fait clandestinement et consommé contre sa volonté. Elle persista dans ses sentiments jusqu'à sa mort, en 1563.

Jacques de Courtarvel ne semble pas avoir traité sa sœur avec autant de sévérité ; il conclut des transactions avec son beau-frère, au sujet des partages, et se libéra entièrement en versant une somme de 11.000 livres pour la part

(1) L'Epinotière, seigneurie de la paroisse de Lévaré, relevant de Mayenne.

de la succession de Foulques et de Françoise d'Avaugour, le 20 juillet 1564. La famille de Courtarvel resta toujours profondément attachée à la religion catholique ; Françoise de Courtarvel fut la seule qui fit défection ; Guillaume de Mégaudais servit pendant quelque temps dans les troupes des huguenots ; il joua un rôle odieux dans le pillage de la cathédrale du Mans, en 1562 ; mais il revint au catholicisme, et fut décoré de l'ordre de Saint-Michel, en 1572.

Jacques de Courtarvel faisait, le 20 juillet 1564, le partage de la succession de ses parents avec Pierre de Courtarvel, son frère puîné, et lui cédait la terre seigneuriale de Boisgency, à Saint-Georges-le-Gaultier, la Petite-Lucazière et la Mercerie, à Montreuil-le-Chétif.

Pierre de Courtarvel est l'auteur de la branche de Boisgency, qui compta au siècle suivant de nombreux représentants dans le Maine. Il épousa, vers 1560, Antoinette de Corbon, héritière de la terre de Corbon à Douillet. Il eut huit enfants qui se partagèrent sa succession en 1596 ; Jacques de Courtarvel, l'aîné, sieur de Corbon et Boisgency, Geneviève, mariée à Jean Millet, sieur de la Burelière, François, l'aîné, Pierre, François le jeune, Yolande, Antoinette et Marguerite (1).

(1) Les Courtarvel de Boisgency et de Corbon possédèrent ces seigneuries jusqu'au XVIIIe siècle.

Pierre de Courtarvel, s. de Boisgency, mari d'Antoinette de Corbon.

Jacques de Courtarvel, s. de Boisgency et Corbon, mari d'Anne d'Estréaux, 1585.

Jacques de C......, mari de Louise de Regnard, 1610.

Joachim de C......, mari de Jeanne des Loges, d'où :

Christophe, mort sans héritiers.

Anne, femme de Gilles de Barville.

Jeanne, épouse d'Eléonor de Baudry, s. de la Galloire.

Une branche cadette possédait la Bouteveillère, à Douillet.

René de Courtarvel, s. de Coulombiers, 1630, mari de Jacquine-Françoise de Cocherel.

Leur fils Charles de Courtarvel, s. de Coulombiers, épousa Françoise Piau.

La fille de celui-ci épousa : 1° François de Loubat, sieur de Carles ; 2° André-Charles de Fourcroy, s. de Varipont.

Les blessures que Jacques de Courtarvel avait reçues au service du roi ne lui permettaient plus de répondre aux convocations de l'arrière-ban ; le roi lui accorda des lettres d'exception, en 1567 et en 1569, pour cause de maladie ; en 1572, il reçut le collier de l'ordre de Saint-Michel, qui était la plus haute distinction pour les gentilshommes.

Jacques de Courtarvel eut le projet de faire un voyage en Italie en 1574 ; il obtint du roi un passe-port à cet effet, et une exemption de l'arrière-ban. Nous ne savons s'il mit son projet à exécution. Il faisait alors sa résidence habituelle au château de Pézé, car la Lucazière n'était plus un logis habitable ; il songeait d'ailleurs à le reconstruire, comme nous le verrons plus loin.

Il avait aussi l'ambition de devenir seigneur châtelain. Cette faveur n'était accordée qu'aux seigneurs qui possédaient une justice haute, moyenne et basse. Courtarvel et la Lucazière étaient de simples fiefs avec basse justice ; Pézé, au contraire, était une seigneurie qui avait les droits plus étendus de haute, moyenne et basse justice. Ce fut celle-là qu'il choisit pour faire ériger en châtellenie. De là vient que les seigneurs de Courtarvel furent désormais qualifiés de seigneurs de Pézé.

Au mois d'août 1577, il obtint des lettres-patentes du roi Henri III :

« Henry, par la grâce de Dieu, roi de France et de Pologne, à tous présens et advenir, salut. . . .

» Savoir faisons que nous ayons en considération les grands, vertueux et recommandables services que les prédécesseurs de nostre amé et féal, le sieur Jacques de Courtarvel, chevalier de nostre ordre, seigneur dud. lieu de Pézé, du Pont-de-Varennes, du Grand-Bouchet et de la Lucazière, ont de tous temps faicts à nos prédécesseurs

Ces derniers vendirent la Bouteveillère en 1740 au marquis de Courtarvel. Voir Robert Triger, *Etude historique sur Douillet-le-Joly*.

au faict de nos guerres, sans épargner aucunement leurs moiens, facultés et personnes ; et pareillement ayant rendu par effet témoignage du zelle et affection que ledit Jacques de Courtarvel a toujours porté au bien de nos affaires et services en charges qui se sont présentées, et mesmes en la charge d'homme d'armes de la compagnie du feu sieur de Chateaubriand, et en celle de lieutenant et enseigne d'autres compagnies de nos ordonnances, ayant été blessé à la bataille de Saint-Quentin et Gravelines, et depuis s'estant trouvé en d'autres occasions pour nostre service, auroit été blessé en sorte que à diverses fois il auroit receu huit coups tant d'arquebuses, pistoles, que coutelaz. . . .

» Et avons été duement avertiz que lad. terre de Pézé, située au pays et conté du Maine, est ancienne, de grande estendue, de bon et gros revenu en toute justice haute, moyenne et basse, oultre qu'elle est accompagnée d'un fort beau chasteau et place forte, qui démonstre grand signe et marque d'antiquité, et ouquel nous et les princes de n. sang pourroient loger quand n. chemin s'y adonnera. . . .

Pour ces causes et autres justes et raisonnables considérations avons créé et érigé, créons et érigeons en chef et tiltre de chastellenye, pour estre doresnavant possédée par led. Courtarvel et ses successeurs en qualité de chastellain, et haut, moien et bas justicier, lesdites terres et seigneurie de Pézé relever du seigneur de Sillé, Tucé ou Lavardin.

Et oultre luy avons permis et permettons qu'il fasse faire clore, fortifier et faire pont-levis en sad. maison de la Lucazière, de telles fortifications que bon lui semblera et à laquelle il a aussi de fort beaux droicts de juridiction.

Et donnons-en mandement à nos amés et féaulx les gens tenant n. court de Parlement, sénéchal du Mans ou son lieutenant et à tous nos autres justiciers, la présente création et érection de chastellenye. Car tel est nostre plaisir.

» Henry. »

Ces lettres furent confirmées par le roi le 16 septembre 1579, et enregistrées au Parlement le 19 septembre 1588.

En même temps, il obtenait l'établissement d'un marché tous les lundis à Pézé ; il fit construire une halle et la recette se faisait à son profit. Le comte de Brissac, baron de Sillé, lui donnait l'autorisation de rebâtir et de fortifier la Lucazière le 24 janvier 1580. En 1576 il assistait aux États généraux de Blois.

Jacques de Courtarvel, sentant sa fin approcher, prit des dispositions pour le partage de ses biens entre ses enfants.

Déjà le 9 février 1575, il avait fait, de concert avec sa femme, Suzanne de Thoinon, un testament par lequel ils se faisaient donation mutuelle et réglaient la part de chacun des fils. L'aîné devait avoir les seigneuries de Courtarvel, la Lucazière, Pézé, le Grand-Bouchet, le Pont-de-Varennes, la Gauberdière, en Martigné. Les puînés devaient avoir le reste de l'héritage ; si Louis prenait la croix de Jérusalem à Malte, les autres puînés devaient lui payer une rente annuelle de 300 livres jusqu'à ce qu'il fut pourvu en lad. religion, et si led. Louis ne voulait pas demeurer en lad. religion, il devait avoir sa part comme les autres (1).

Ce testament suscita de violentes récriminations de la part des puînés ; d'ailleurs, Louis de Courtarvel avait renoncé à se faire recevoir chevalier de Malte.

Jacques de Courtarvel et Suzanne de Thoinon firent un nouveau testament le 3 octobre 1580, et un nouveau partage à leurs enfants ; au lieu d'un partage en bienfaits et usufruits selon les usages de la coutume du Maine, il fut

(1) M. Jacques de Courtarvel avait été choisi pour gouverneur de la ville du Mans par les habitants qui avaient confiance dans sa valeur et dans ses sentiments catholiques en 1567. L'évêque du Mans, Charles d'Angennes, qui avait été nommé gouverneur par le roi était tout disposé à lui céder sa fonction ; mais les habitants revinrent sur leur détermination et laissèrent l'évêque remplir les fonctions de gouverneur. (Dom Piolin, *Histoire de l'Église du Mans*, t. V. p. 493.)

spécifié que les puînés auraient leurs biens à perpétuité.

André de Courtarvel eut la seigneurie de Saint-Rémy, au pays de Poitou, près Niort.

Louis, la terre du Rameau, au pays de Dunois, avec retour à l'aîné s'il mourait sans enfants.

Pierre, eut la seigneurie du Grand-Bouchet, à Choue, pays de Vendômois.

Jacques, la terre de la Coursure, à Assé-le-Boisne.

Charles de Courtarvel, l'aîné, qui avait droit aux deux tiers, reçut en partage les seigneuries de la Lucazière, Pézé, Courtarvel, Saint-Germain et la Paillerie, au pays du Maine, le Pont-de-Varennes et les appartenances de la Roche-Menier, la Gauberdière, en Martigné-Briant, pays d'Anjou.

Me Jacques de Courtarvel mourut en 1580 ; Suzanne de Thoinon se retira au château de Pont-de-Varennes où elle mourut en 1593.

Enfants de Jacques de Courtarvel et de Suzanne de Thoinon :

1° Charles I de Courtarvel, seigneur de Pézé ;

2° Louis de Courtarvel entra d'abord dans l'ordre de Malte, en 1570, comme novice. En 1574, il produisit une enquête sur la noblesse de la famille afin d'être reçu à la profession (1). Nous voyons, par le testament de ses parents,

(1) Enquête sur la noblesse et extraction de Louis de Courtarvel de Pézé, écuyer, faite le 23 février 1574, pour sa réception dans l'Ordre de Malte au Grand-Prieuré de France, par frère Jean de Gonnelieu, commandeur de Tours, et Charles de Montigny, commandeur de Villedieu-le-Bailleul, après avoir prêté le serment entre les mains de frère Le Sirier de Semeur, commandeur du Temple de la Rochelle et de Bourgneuf, en conséquence de la commission donnée à Malte le 10 novembre 1572, par frère Jean Lévesque de la Cossière, Grand Maître de cet Ordre.... par laquelle les témoins appelés, scavoir : Noble homme Mre Georges du Bouchet, seigneur de Sourches, chevalier de l'Ordre du Roi, gentilhomme de sa chambre, et lieutenant de cent hommes d'armes sous la charge de Mgr le duc de Montpensier, âgé de 50 ans ; Noble homme Jacques de la Cigogne, écuyer, seigneur de

qu'il avait renoncé à son projet, et qu'il fut pourvu de la seigneurie du Rameau. Il fut poursuivi pour homicide commis sur la personne de Pierre le Bossé, sieur de Clairfontaine ; nous ne savons s'il fut exécuté.

En tout cas, il était disparu en 1586. La veuve de Pierre le Bossé fit abandon de tous les droits et intérêts civils qu'elle avait à prétendre contre Louis, pour avoir homicidé son mari. Mais Jacques Lemaire et Jean Lambert, poursuivirent les frères du meurtrier, qui acceptèrent une transaction le 2 septembre 1586.

3° Jacques de Courtarvel, seigneur de la Coursure, mourut sans héritiers, vers 1610.

4° André de Courtarvel, seigneur de Saint-Rémy et du

Montcruchet, de la paroisse de Ruillé-en-Champagne, âgé de 62 ans, ayant été homme d'armes de la compagnie du feu M[al] de Brissac ; Noble homme Ambroise de Ciral, écuyer, seigneur de Grillemont, demeurant en la paroisse de Crissé, au Maine, âgé de 61 ans, ayant été homme d'armes de feu Mre de Montejean et de Chantemesle, et noble homme René Bourré, seigneur de Jarzé, Chemiré et d'Averton, chevalier de l'Ordre du Roi, gentilhomme de sa chambre : déposèrent qu'ils connaissaient le présenté, qu'il était âgé de 22 ans ou environ, qu'il était né au Grand-Bouchet et baptisé en la paroisse de Choue, au diocèse de Chartres ; qu'il était fils de Me Jacques de Courtarvel de Pézé, seigneur du Grand-Bouchet, du Pont-de-Varennes et de la Lucasière, chevalier de l'Ordre du Roi, gentilhomme ordinaire de sa chambre et enseigne de 50 hommes d'armes de la compagnie du seigneur de Vassé, et depuis lieutenant du sieur de Chantemesle, et de dame Suzanne de Touaisnon, sa femme : que Jacques de Courtarvel était fils de Me Fouques de Courtarvel, seigneur de Pézé, enseigne de 100 hommes d'armes sous la charge de feu M[r] le duc d'Alençon, et de dame Françoise d'Avaugour, de la maison de Courtallain. Que Fouques de Courtarvel était fils d'Ambroise de Courtarvel, seigneur de Pézé, enseigne de la compagnie de 100 hommes d'armes de feu M. le Maréchal de Baudricourt, et que Suzanne de Touaisnon était fille de noble homme René de Touaisnon, seigneur du Pont-de-Varennes, et de d[me] Ysabeau de Rezay, sa femme, dame de Saint-Rémy, laquelle de Rezay était issue de la maison de la Jarye, près les Essarts, toutes maisons anciennes et nobles, et qui de tout temps avaient eu des charges au service des rois de France, etc.

Reçu par Colombu, notaire au bourg de Mont-Saint-Jean

Rameau, fut l'auteur de la première branche cadette de Courtarvel, dite de Saint-Rémy.

Il épousa, en 1615, Gabrielle de Fromentières, fille de René et de Anne de Renty, dont il eut :

1° Jacques de Courtarvel, l'aîné ;

2° Charles, chevalier de Malte ;

3° Louis, capucin ;

4° Marie, mariée à M. de Puiguyon.

Jacques de Courtarvel, dit le marquis de Saint-Rémy, épousa :

1° N. de Langan, dont une fille épousa le marquis de Hautefeuille ;

2° Françoise Le Prévot, veuve du chevalier de la Vallière, lieutenant-général.

5° Pierre de Courtarvel, seigneur du Grand-Bouchet.

Pierre de Courtarvel fut la tige de la branche de Courtarvel, qui eut de nombreuses possessions en Vendômois, le Grand-Bouchet, Boursay, Verdes, Baillou, Valennes, et qui hérita du titre de marquis à la mort du dernier représentant de la branche aînée.

Pierre I de Courtarvel épousa Charlotte de Coutances, de Baillou, d'où :

1° François I de Courtarvel ;

2° Pierre II de Courtarvel, qui épousa Renée de Marescot, 1619, d'où Claudine, mariée à René des Loges, sieur de Villemesle, fils de Martin des Loges et de Renée des Personnes, sieur de la Chapelle-Gaugain.

François I de Courtarvel, seigneur de Boursai, la Mabillière, Saint-Hilaire, épousa Renée de Fresneau, fille de Charles de Fresneau et de Racine de Villegomblain, d'où :

1° François II de Courtarvel ;

2° Jacques-Claude, sieur de Rocheux, époux de Marie de Varennes, d'où Marie, femme du seigneur de Chenu, et Jean-René, sieur de Rocheux, époux de Marie-Anne de Vernaison, qui eut pour enfants : Etienne de

Courtarvel, abbé commendataire de Verteuil, et Marie, femme d'Étienne d'Aguet ;

3° Jean de Courtarvel, sieur de Saint-Hilaire, mari de Marie Peschard, d'où quatre enfants qui ne laissèrent pas de postérité masculine ;

4° René de Courtarvel, épousa en 1640, Claudine Peschard ;

5° Pierre-Alexis, prêtre, docteur de Sorbonne ;

6° et 7° Charlotte et Cécile.

François II de Courtarvel, seigneur de Boursai, épousa 1° Marie Ourceau ; 2° Renée Le Féron. Du premier mariage naquirent :

1° César I de Courtarvel ;

2° Pierre, 3° Gabrielle, 4° Françoise, 5° Angélique, 6° Charlotte, mariée à M. de Pomponne, s. de Guigné.

César I de Courtarvel, chevalier, seigneur de Boursai, Saint-Rémy, Lierville, Verdes, lieutenant d'une compagnie des Gardes Françaises, épousa en 1688, Marie-Anne de Coutances, sa cousine, mort en 1717.

César II de Courtarvel, chevalier, marquis de Saint-Rémy, seigneur de Boursai, Verdes, Lierville, Berfay, Romainville, épousa en 1720 Marie-Jeanne de Prunelé, 1733. Il était mort en 1757. Il eut pour fils :

1° Jean-Louis Hubert, qui hérita du titre de marquis de Courtarvel en 1759 à la mort du dernier représentant de la branche aînée ; il épousa en 1757 Marie Petit, fille de Gilbert Petit, comte de la Guierche, et en deuxièmes noces Marie-Anne de Faudoas, dont il n'eut pas d'enfants, il mourut en 1781 ;

2° René-César de Courtarvel, comte de Courtarvel, épousa en 1759 Françoise-Thérèse de Ligneris, dont il eut 4 fils :

1° Louis-François-René, marquis de Courtarvel de Pézé, colonel, pair de France, lieutenant-général, marié en 1783 à Marie-Louise de Lambert, sans enfants ;

2° Claude-René-César, comte de Courtarvel, chevalier, colonel, député en 1789, pair de France ;

3° Jean-Louis-René de Courtarvel, chevalier de Malte, s. de la Quentinière ;

4° Jules-Honoré-César, vicomte de Courtarvel, épousa Elisabeth Gruau de Receveaux, dont il n'eut pas d'enfants.

Claude-René-César, comte de Courtarvel, frère du marquis, épousa :

1° M. de Culant ;

2° Anne-Marie de Lubersac, 1806 ;

3° Aliénor de Becdelièvre, 1828.

De ce dernier mariage il eut :

1° René de Courtarvel, 1830-1849.

2° Ludovic-Calixte-César, marquis de Courtarvel, qui épousa Yolande des Isnards, mort sans postérité, en 1896, à Baillou ;

3° Marie-Aliénor-Césarine de Courtarvel, femme du comte Rodolphe de Monteynard ;

4° Alix de Courtarvel, femme de Gabriel, marquis de Solages.

CHARLES I DE COURTARVEL DE PÉZÉ

Charles I de Courtarvel prit du service dans les armées royales : il fut nommé gentilhomme de la Chambre du duc d'Alençon, le 28 juillet 1571 (1). Il se maria le 24 août 1576 à Guyonne de Trémigon, fille de Guy de Trémigon, chevalier, seigneur de Chalonge, et de Bonaventure de Bellouan.

Trémigon était une seigneurie de Bretagne, située dans la paroisse de Combourg. Guy de Trémigon était mort en 1562 des suites de ses blessures après la bataille de Dreux,

(1) Lettres de gentilhomme ordinaire de la Chambre du duc d'Alençon.

et avait été enterré avec tous les honneurs militaires dans l'église Saint-Pierre de Dreux.

Sur son lit de mort, le 31 décembre 1562, il fit son testament, dans lequel nous relevons les détails suivants :

Noble homme Guy de Trémigon, chevalier, s[r] du Chalonge et du Bois-de-la-Motte, demeurant aud. lieu, paroisse de Trigavou, estant de présent en cette ville de Dreux, gisant au lit malade, blessé et navré d'une arquebusade, en la bataille qui fut près Dreux le dixneuvième jour de décembre dernier, toutefois sain d'entendement et de bonne mémoire, a fait son testament.... Demande à être enterré en l'église Saint-Pierre de Dreux, à la disposition de Bonaventure de Bellouan, son épouse, donne à Jean et à Briand de Trémigon, ses frères, tous ses accoutrements, armes, bagages, chevaux, excepté la haquenée et le traquenard qu'il destine à sa femme, sa jument d'Espagne, et ses deux coupes d'argent. Il choisit pour exécuteurs testamentaires sa femme et Jean de Trémigon son frère, chevalier, s. de la Brosse, capitaine de 300 hommes de pied (1).

Guyonne, fille unique de Guy de Trémigon, aîné de la famille, était un riche parti qui devait apporter à la famille de Courtarvel les seigneuries de Trémigon, de Chalonge, du Val, etc.

Par son contrat de mariage Charles de Courtarvel avait assigné pour douaire à Guyonne de Trémigon les seigneuries du Grand-Bouchet et du Rameau ; mais comme ces biens avaient été donnés en partage aux puinés, en 1580, il remplaça son douaire par la terre de la Lucazière, le 19 mars 1597, et pour compenser les aliénations des biens propres de sa femme, faites à Jean d'Avaugour, son frère utérin, il lui céda la seigneurie de la Coursure. En 1581,

(1) Bonaventure de Bellouan avait été mariée en premières noces avec Robert d'Avaugour, dont elle eu un fils, Jean d'Avaugour, qui faisait le partage des biens avec sa sœur utérine, en 1588.

Suzanne de Thoinon céda à Charles de Courtarvel tous les meubles morts et vifs de la terre de la Lucazière, estimés 2.000 écus, pour une rente de 366 écus un tiers, hypothéqué sur la terre de Pézé.

Les guerres de religion qui divisaient le pays du Maine depuis l'année 1555 obligeaient le seigneur de Courtarvel à prendre les armes presque tous les ans. Jacques de Courtarvel s'était fait remarquer par sa fidélité à la religion catholique et avait combattu contre les Huguenots. Sa santé gravement compromise par ses huit blessures ne lui permirent pas toujours de se mettre en campagne.

Son fils, Charles de Courtarvel, semble s'être attaché au duc d'Alençon qui l'avait fait gentilhomme de sa chambre ; lorsque celui-ci fut monté sur le trône de France sous le nom d'Henri III, il mit souvent à l'épreuve la fidélité de ses partisans en se ralliant tantôt aux Guises, tantôt au roi de Navarre. Le seigneur de Pézé lui resta constamment fidèle ; on ne le vit jamais combattre dans les rangs des ligueurs, quoiqu'il ne fut pas en mauvais termes avec eux, ce qui fait supposer qu'il était du tiers-parti dont les chefs dans le Maine étaient Claude d'Angennes, évêque du Mans et son frère, Philippe d'Angennes, gouverneur du Maine.

En 1585, Henri III se déclara chef de la Ligue et fit appel aux seigneurs. Charles de Courtarvel reçut le 3 avril une lettre du roi qui le convoquait à son service avec armes et équipages. Il n'assista pas à la bataille de Coutras, où les catholiques furent exterminés, en 1587, car il s'était fait donner une exemption de l'arrière-ban, le 11 octobre.

En 1588, Henri III changeait de politique et faisait assassiner les Guises au château de Blois. Immédiatement Paris se souleva, déclara Henri déchu du trône et proclama le duc de Mayenne, chef de la Sainte Ligue.

Charles de Courtarvel est convoqué au service par Henri III le 12 mars 1589 et reçoit une lettre de sauvegarde le 30 avril.

De son côté le duc de Mayenne l'invite à se joindre à ses troupes et lui donne une lettre de sauvegarde, le 21 mai.

Charles n'osait pas se prononcer entre les deux partis : il avait à ménager son suzerain Charles de Cossé, comte de Brissac, baron de Sillé, un des plus célèbres chefs de la Ligue, et le duc de Mayenne, dont sa terre de Courtarvel relevait en arrière-fief.

Ses incertitudes furent dissipées par la mort de Henri III assassiné par Jacques Clément, le 1er août 1589.

Henri IV vint au mois de novembre avec une armée soumettre Vendôme et Le Mans. Il gagna définitivement Charles de Courtarvel à sa cause en lui envoyant la lettre de sauvegarde suivante :

« De par le roy à tous nos lieutenans-généraux, gouverneurs de nos provinces, maréchaux de France, etc., salut. Nous désirant bien et favorablement traicter notre cher et bien amé Messire de Pézé, la Lucazière, défendons expressément que ès-maisons de Pézé, la Lucazière, Saint-Germain, sises au pays du Maine a luy appartenant vous n'ayez à loger ni souffrir loger aucun de nos gens de guerre et en icelle être pris, enlevé ne fourrage, aucuns biens meubles, chevaux, bœufs, moutons, ne vins, foins, pailles, avoynes, lart ne autres choses quelconques, ne pareillement attenter à sa personne ne de ses gens, fermiers, serviteurs, lesquels nous avons prins et mis par ces présentes signées de notre main en notre protection et sauvegarde.

En signe de quoy nous luy avons permis de mettre et apposer nos Panonceaux et bastons royaux ès-lieux plus apparens, et ou aucuns seroient si osés et hardis d'enfreindre notre sauvegarde, mandons au premier prévot de nos bien amés cousins les maréchaux de France en faire telle et si rigoureuse punition qu'elle serve d'exemple à tous autres. Si n'y faictes faulx. Car tel est notre plaisir.

Donné au camp devant le Mans, du III jour de novembre 1589 (1).

HENRY ».

On voit par ces avances du roi Henri IV combien il tenait à attacher à son parti Charles de Courtarvel, dont les propriétés au Maine, en Anjou et en Bretagne faisaient un des seigneurs les plus puissants de la province. Celui-ci, pour sauvegarder ses propriétés, affectait de se tenir dans une espèce de neutralité qui lui causait de graves embarras. Les seigneurs de Bretagne, qui tenaient pour la Ligue, voulurent l'obliger à marcher avec eux, et sur son refus, ils firent saisir ses domaines de Trémigon et de Chalonges. Henri IV, par une lettre du 3 juin 1590, fit défense au Parlement de Bretagne et aux justiciers de connaître l'action intentée contre lui, et pour le récompenser des dommages qu'il avait soufferts, lui fit don de terres et de prés près de Nully, paroisse de Villiers, près Vendôme.

Après la bataille d'Ivry, le prince de Conti lui délivra un certificat de service. Pendant qu'il suivait le roi dans ses expéditions à travers la France, Guyonne de Trémigon obtenait des juges du Mans l'autorisation d'administrer ses biens, en 1591.

Charles de Courtarvel reçut la commission de lieutenant de gendarmerie et de gouverneur du château de Sillé, avec mission de pacifier le pays ; il obtenait des lettres de sauvegarde, et des exemptions d'arrière-ban, et prouvait qu'étant au service actif du roi dans la province il n'était pas astreint à le suivre dans ses expéditions lointaines. Les officiers du roi ne tenaient pas toujours compte des faveurs qu'il obtenait, et faisaient saisir ses terres. Le 24 février 1596, le roi lui envoyait une main-levée de saisie. Il était alors à Angers

(1) Chartrier de la Lucazière.

sous les ordres de la Roche-Pot. C'est après cette campagne qu'il recevait une sauvegarde du roi.

« De par le roy, à tous nos baillis, sénéchaux, etc., salut. Ayant égard aux bons et agréables services que Charles de Courtarvel, sieur de Pézé et la Lucazière, chevalier de notre ordre, nous l'avons déchargé et exempté de la contribution que nous avons ci-devant fait publier au ban et arrière-ban, auquel il pourroit être contrainct à cause des terres, seigneuries et fiefs nobles qu'il tient et possède, et vous mandons que faisant jouir led. de Courtarvel de cette présente exemption et descharge, vous ayez à le tenir quitte et deschargé de lad. contribution à l'arrière-ban et lui en faire pleine et entière main-levée et délivrance. Car tel est notre plaisir.

Donné au camp devant Angers, le 27 septembre 1597 ».

La paix vint enfin donner à Charles de Courtarvel le loisir de reconstruire le château de la Lucazière dont son père avait eu le projet en 1577. Le roi avait autorisé Jacques à l'entourer de fortifications comme il le jugerait convenable. Il fallait de plus l'assentiment du baron de Sillé qui l'autorisa en 1588 (1). Ces fortifications, projetées étaient simplement des fossés et des douves avec une porte et un pont-levis, dont il ne reste plus trace aujourd'hui.

Le château de la Lucazière comprend un grand corps de logis avec une façade de 8 fenêtres à deux étages ; au milieu de la façade occidentale s'élève un pavillon renfermant l'escalier d'honneur, décoré de trois colonnes à chacun de ses trois étages, des ordres toscan, ionique et corinthien ; entre ces trois colonnes sont percées deux portes au rez-de-chaussée, et deux croisées cintrées à chaque étage. Les

(1) Aveu par Charles de Courtarvel à Charles de Cossé, pour la Lucazière, maison seigneuriale, ensuite duquel est une permission par Charles de Cossé de fortifier le château de la Lucazière, en date du 20 septembre 1588, publiée et enregistrée à Sillé le 24 septembre 1594, et ratifiée par Judith d'Assigné, le 30 juin 1597.

fenêtres du reste du bâtiment étaient des croisées à doubles croix de pierre, qui ont disparu dans des restaurations récentes.

A l'angle méridional du château se trouve une tour cylindrique percée de fenêtres semblables et que nous croyons avoir été conservée de l'ancien château.

Les dépenses occasionnées par les guerres de religion n'avaient pas permis à Charles de Courtarvel d'augmenter ses propriétés à Mont-Saint-Jean et à Pézé. La métairie des Alleux, qui appartenait autrefois à la famille, fut vendue en 1591 à Guyonne de Tremigon par Charles de Velles, écuyer, s. de la Beauce, demeurant à Fougères. Charles de Courtarvel n'en prit possession qu'en 1598, et la rétrocéda à son fils aîné (1).

En 1601, il acheta le fief de Mondan. Mondan était un fief volant s'étendant autour du bourg, sur le Puits, à Haie-Chapron, la Guyonnière, la Cruchère, le Jardin, la Courvaserie, la Gerbinerie, la Varye, l'Avrillerie et les Patis, et relevant de Sillé à foi et hommage simple. Le 19 octobre 1564, Hervé de Courbefosse, sieur de la Ferrière, en faisait aveu à Sillé ; en 1595, le même Hervé ou son fils faisait encore aveu avec dénombrement. A sa mort, 1602, le fief de Mondan fut adjugé, à la cour de Sillé, à Charles de Courtarvel ; une sentence de la cour du duché de Mayenne confirma l'adjudication, le 10 juin 1607.

Le seigneur de Courtarvel, qui venait de rebâtir son château de la Lucazière pour lequel il avait abandonné celui

(1) La prise de possession des propriétés se faisait de cette façon : Prise de possession de la Métairie des Alleux, par Charles de Courtarvel, qui est entré dans la maison, a mis dehors le métayer, éteint le feu de la cheminée, et allé dans toutes les pièces de terre, a rompu et brisé des branches des arbres, en vertu du contrat d'acquisition, accompagné d'Olivier de Surmont, sieur de la Motte, de Jean du Plessis, sieur des Vaux, tous de cheval et six arquebusiers aussi à cheval, qu'il a dit avoir amenés pour la sûreté de sa personne, dont acte.

de Pézé, aspirait à faire élever ses fiefs d'un degré dans la hiérarchie féodale, d'abord en châtellenie, puis en marquisat.

Il présenta sa demande à son suzerain immédiat, le baron de Sillé. Charles de Cossé-Brissac, maréchal de France, gouverneur de Paris, n'y voulut consentir qu'à la condition qu'il lui cédât la moitié des bois du Débat, dont la propriété était contestée entr'eux depuis plusieurs siècles : l'accord se fit sur ces bases le 8 janvier 1606. Il fallait aussi l'assentiment du duc de Mayenne, d'où relevait Sillé. Charles de Lorraine, duc de Mayenne, gouverneur et lieutenant-général pour le roi de l'Isle de France, par une lettre du 28 mai 1608, approuva la création et l'érection en châtellenie des seigneuries de Courtarvel, la Lucazière et Mondan, et autres fiefs qui en dépendaient, pour relever immédiatement du baron de Sillé, et du duché de Mayenne en ressort et souveraineté. La requête fût ensuite portée au Parlement le 28 mai 1609 ; mais des difficultés surgirent de divers côtés et retardèrent l'affaire jusqu'en 1657, ce qui n'empêcha pas les seigneurs de Courtarvel de prendre le titre de marquis.

Me Charles de Courtarvel, chevalier, seigneur de Pézé, Courtarvel, la Lucazière, Mondan, Saint-Germain, le Pont-de-Varennes, la Paillerie, Trémigon, mourut au château de Bourdonné, près Houdan, où il se trouvait alors chez Me Jacques de Pleurnay, au mois de juin 1610. Son corps fut rapporté à Mont-Saint-Jean et reçut la sépulture dans l'église comme ses prédécesseurs.

Guyonne de Trémigon renonça à la communauté de biens avec son mari, accepta pour douaire en échange de la Lucazière qui lui avait été promise, la terre de Pézé et ses appartenances, et mourut dans son château de Trémigon en 1616.

Par son testament du 19 février 1616 elle demandait à être ensevelie dans l'église de Mont-Saint-Jean où fut inhumé son mari.

Par un codicile du 26 juillet suivant, elle ordonnait qu'il fut édifié deux petites chapelles aux côtés de l'église de

Pézé, et fait un voyage à Notre-Dame de Lorette pour accomplir un vœu de son mari.

Enfants de Charles de Courtarvel et de Guyonne de Trémigon :

1° René I de Courtarvel, l'aîné ;

2° Christophlette, dite Suzanne de Courtarvel, mariée le 3 juin 1613 à Nicolas de Ploeuc, chevalier, seigneur de Kérharo, Guilli-Guiffin, Guéraudron, la Quillière, Posponen, en Bretagne (1) ;

3° Guyonne de Courtarvel, mariée le 9 août 1605 à Louis de la Vove, fils de Pierre de la Vove, chevalier, seigneur de la Pierre, à Coudrecieux, et de Gabrielle de Maunoir (2) ;

4° Jeanne de Courtarvel, mariée en 1618, à Antoine de Tournebus, chevalier, seigneur de Bouger, en Normandie (3), gentilhomme de la Chambre du roi.

RENÉ I DE COURTARVEL DE PÉZÉ, 1610-1630

Après la mort de Charles de Courtarvel, ses enfants firent dresser un inventaire du mobilier de leurs parents. Pour nous donner une idée des usages et du luxe des familles nobles du temps nous en reproduirons quelques détails :

« Six perles rondes enfilées.

Une enseigne d'or émaillé où sont enchassés quatre diamants et 15 rubis.

(1) Transaction sur contrat de mariage entre dame Guyonne de Trémigon ve Me Charles de Courtarvel, et Me Nicolas de Ploeuc, mari de Christophlette Suzanne de Courtarvel, fille aînée, par laquelle la dame de Pézé pour récompenser la dame de Ploeuc, de la terre et seigneurie de la Coursure qui lui avaient été données en mariage, lui a donné la terre et dépendances de Chalonge, 22 mars 1614.

(2) Quittance de dot à M. et Me de Pezé par François de la Vove, Gabrielle de Maunoir et Louis de la Vove, mari de Guyonne de Courtarvel, 6 août 1605.

(3) Quittance donnée par Antoine de Tournebus et Jeanne de Courtarvel, son épouse, 30 mars 1618.

Un lys de tête où il y a 8 chatons de perles et 7 couverts de diamants.

Une grande rose de diamants en forme de bague, 10 diamants.

Une autre petite rose de diamants en bague d'or, 7 diamants.

Un saphir en bague d'or ; un diamant en bague d'or ; plusieurs bagues d'or et d'argent ; deux cachets d'or.

Une grosse montre ronde et une plus petite.

Une douzaine de cuillers d'argent, 6 grandes, 6 moindres.

15 assiettes d'argent armoriées.

4 flambeaux d'argent armoriés aux armes du défunt.

2 bassins d'argent armoriés.

2 aiguières d'argent.

Un vinaigrier d'argent, un service d'argent, deux réchauds d'argent armoriés.

Un carousse doublé de serge verte, trois chevaux sous poil bay, un traquenard, appartenant à la dame de Pézé.

7 nappes, 4 douzaines de serviettes, 6 tayes d'oreiller, de toile de Hollande ; 20 draps, 6 nappes, 8 douzaines de serviettes, de toile commune.

Un ciel et des rideaux de serge verte, 4 tapis verts ; un petit manteau de drap noir ; un grand manteau de drap noir ; une paire de chausses drap gris brun ; un manteau de chambre, couleur de noisette.

Une robe de chambre de damas vert doublé de pelisse aux boutons, deux gants à porter l'oiseau, etc... (1) ».

René de Courtarvel fit les partages de la succession de Charles de Courtarvel et de Guyonne de Trémigon, en 1617. Comme aîné il avait les deux tiers des biens dans la province du Maine.

(1) Inventaire des meubles de la communauté entre Charles de Courtarvel et Guyonne de Trémigon, 28 juin 1610.

Il eut pour sa part les fiefs de Courtarvel, la Lucazière, la Bouteveillère, Peschelochère, la Motte-Pichart, Mondan, Quinquampoix, et la fondation des églises de Mont-Saint-Jean, Pézé et Saint-Germain.

Le domaine de la Lucazière et le moulin, les métairies de la Guyonnière, la Rainerie, la Voye ou Jouaffrière, la Buglère, la Chalousière, la Mouardière, la Turillère, la Pitière, les Alleux, le fief du Haut-Combran, les moulins de Courtarvel, du Mesnil et de Combran, les moulins à draps, à tan et à papier.

Les fiefs et métairies de Saint-Germain, du Plessis-Janvier, la Suhardière, l'étang et le moulin de Classé, la châtellenie de Pézé, les fiefs de Courteille, droit de présentation à la chapelle Saint-Jean, les métairies de la Roussardière, Vautorte, la Mazure, le Vieil-Moulin, la Chauvinière, Pommereuil, Pézereuil, Moulin de Pontor, la Devise.

Dans le tiers revenant aux puinés, étaient compris :

Le domaine de Pont-de-Varennes, la Coursure, la Paillerie, le Chalonge, Trémigon, les bois de la Foutelaye et de la Moussaye ; le bois du Breil ; 97 arpents au bout de la forêt de Pézé : le tiers de la Grosse-Tasse, appelée le Tiers et le Danger.

N'était pas compris dans le partage le bois de la Lucazière ou du Débat à cause de la contestation avec le maréchal de Brissac.

Ces partages donnèrent lieu à de nombreux procès entre les héritiers : René de Courtarvel finit par rentrer en possession du Pont-de-Varennes et de Trémigon, moyennant des indemnités convenables. Il augmenta ses propriétés de Mont-Saint-Jean par l'acquisition des deux métairies du Grand-Pin et du Petit-Pin, en 1615.

Il contracta mariage en 1621 avec Marie de Lusignan de Saint-Gelais, fille d'Arthur de Lusignan, chevalier, seigneur de Lansac et de Mondon, et de Françoise de Souvré (1). C'était une brillante alliance qui le faisait entrer dans une famille apparentée avec la plus haute noblesse de l'époque.

Les articles du contrat de mariage furent signés le 3 septembre 1621 par la reine mère, Marie de Médicis, M. et Mme de Lansac, dame Antoinette de Raffin-Poton, aïeule, dame de Lansac, Ballon, Azay-le-Rideau, Puycalary, La Touche d'Avrigny, les Murs, etc., Me Gilles de Souvré, chevalier, conseiller d'Etat, premier gentilhomme de la Chambre du roi, capitaine de cent hommes d'armes, maréchal de France, M. Jean de Souvré, chevalier, conseiller d'Etat, marquis de Courtanvaux, premier gentilhomme de la Chambre, gouverneur lieutenant-général de Touraine, T. P. P. en Dieu, Me Jean-Armand du Plessis de Richelieu, conseiller du roi en ses conseils, grand aumônier de la reine, évêque de Luçon, etc...

Le mariage eut lieu le 17 octobre 1621, à Plessis-les-Tours, où M. de Lansac était gouverneur.

La bénédiction nuptiale fut donnée par Mgr Gilles de Souvré, évêque de Comminges, en présence des membres de la famille de Lusignan et de Souvré, de Honorat de Beauvilliers, comte de Saint-Aignan, Martin du Bellay, marquis de Suavray, maréchal de camp, Charles Fouquet, seigneur de Marcilly, Charles Boutault, s. de Beauregard, de la Roche-Dumay, Paul de Sardiny, Le Bouthillier, etc.

René de Courtarvel avait pris du service sous le maréchal de Brissac et devint gentilhomme ordinaire de la Chambre du roi (2). Aussitôt après son mariage, en 1622, il fut con-

(1) Arthur de Lusignan de Saint-Gelais, était fils de Louis de Lansac, chef de la Ligue dans le Maine, et d'Antoinette de Raffin-Poton. Françoise de Souvré, sœur du marquis de Courtanvaux, devint gouvernante du roi Louis XIV.

(2) Nous ne savons par quel concours de circonstances René de Courtarvel fut fait prisonnier ; le fait est qu'il obtint son élargissement des prisons de Fougères, le 28 janvier 1617, au moment où Louis XIII

voqué par le roi Louis XIII pour l'expédition qu'il projetait contre les protestants de l'ouest et du midi qui s'étaient soulevés. Il se distingua particulièrement au siège de Montpellier, qui mit fin à la révolte.

En 1627 et 1628, il commandait une compagnie au siège de la Rochelle ; les fatigues de cette longue campagne lui causèrent une maladie dont il ne put se guérir complètement et les dépenses qu'il fut obligé de faire firent une grande brèche à sa fortune, comme on le voit par les dettes que sa veuve eut à acquitter.

Il mourut le 18 janvier 1630 et fut inhumé le 21 dans le chœur de l'église de Mont-Saint-Jean (1).

Enfants de René I de Courtarvel :

1° René II de Courtarvel ;

2° Marie de Courtarvel, née le 9 novembre 1621, abbesse du Pré ;

3° Jacques de Courtarvel, abbé de Pézé.

LES MARQUIS DE COURTARVEL DE PÉZÉ

RENÉ II DE COURTARVEL, MARQUIS DE COURTARVEL DE PÉZÉ

René, né le 31 août 1622 (2), fut placé sous la tutelle de sa mère, Marie de Lusignan de Saint-Gelais, jusqu'à son émancipation à l'âge de 18 ans.

se préparait à entrer en campagne pour soumettre la Normandie et la Bretagne où les protestants s'étaient soulevés.

(1) « Le 16 janvier 1630, sur le soir, fut confessé H. et P. seigneur messire René de Courtarvel, le lendemain reçut son Créateur, et le soir du lendemain reçut l'extrême-onction, et une heure après, rendit son âme à Dieu, et le 21, fut inhumé au chœur de l'église de Mont-Saint-Jean. Guillaume André, curé ». (Registres de l'état-civil.)

(2) « Le dernier jour d'août 1622, sur les trois heures après minuit, vint sur la terre messire de Courtarvel, fils aîné de M. de Pézé et de dame Marie de Lusignan, et a été baptisé dans l'église Saint-Etienne, à Sillé, et nommé René. » (Registres de l'état-civil.)

En 1640, il s'engagea comme volontaire pendant la campagne de Flandre, qui aboutit à la conquête de l'Artois ; il s'y comporta si bravement qu'il fut gratifié du brevet de lieutenant dans une compagnie royale sous le commandement du duc de Brissac.

Le 24 juin 1641, il se maria avec Jacquine Legros, fille de Me Charles Legros, seigneur de Princé et du Bouchat, conseiller du roi et lieutenant-général de Beaufort, en Anjou, et de feu Claude Lepelletier.

L'année suivante il fit la campagne du Roussillon, sous le commandement de Me Charles de la Porte, duc de la Meilleraye, maréchal de France, baron de Sillé et se distingua par des prodiges de valeur au siège de Perpignan, comme l'attestent les lettres-patentes pour l'érection du Marquisat. Il fit aussi la campagne d'Allemagne sous les ordres de Turenne et de Condé, jusqu'à la paix de Westphalie, en 1648.

En 1642, le 8 novembre, René de Courtarvel concluait avec sa mère une transaction au sujet de la somme de 20.000 livres qu'elle lui avait promise en mariage. Marie de Lusignan n'avait pu lui fournir cette somme, car elle se trouvait très endettée depuis la mort de son mari. Elle prit à sa charge une somme de 9.000 livres que René avait empruntée à l'âge de 20 ans pour s'équiper en guerre. Elle ajoutait :

« Désirant toujours de plus en plus témoigner l'affection qu'elle porte au seigneur marquis son fils, elle accorde que lorsqu'il lui plaira de faire sa demeure dans une autre maison qu'au château de la Lucazière, elle lui donnera une douzaine d'assiettes, une douzaine de plats, un bassin, deux aiguières, une soucoupe, un pot de chambre, le tout d'argent, trois tapisseries, l'une l'Histoire de Judith, l'autre l'Histoire de Lanfernau, et une de verdure ; quatre ciels de lit, l'un d'écarlate avec bandes de petit point doublé de taffetas vert ; un autre rouge avec des bandes d'ouvrage par dessus ; un autre de serge seigneur rouge chamaillé de passementeries d'or et d'argent fin, doublé de taffetas incarnat ; le quatrième rouge avec une frange de soie rouge.

Ce qui a été accepté par led. seigneur marquis et en a remercié lad. dame sa mère. »

Marie de Courtarvel, fille de René I et de Marie de Lusignan, se destinait à la vie religieuse et fut confiée aux soins de sa tante Anne de Souvré, abbesse de Saint-Amand de Rouen. Elle fit profession dans cette abbaye en 1640. Sa mère lui constitua une dot de 6.000 livres. Marie de Courtarvel devint abbesse du Pré en 1650 (1).

Marie de Lusignan de Saint-Gelais, marquise de Pézé, mourut au château de la Lucazière, le 31 décembre 1651 et fut inhumée dans l'église de Mont-Saint-Jean (2). Sa succession était obérée par de nombreuses dettes contractées soit du vivant de son mari, soit pendant son veuvage (3). René de Courtarvel ne voulut l'accepter que sous bénéfice d'inventaire. Les meubles du château de la Lucazière furent vendus à l'enchère le 23 août 1652. Le pays était alors occupé par les troupes du parti de la Fronde, sous le commandement du duc de Beaufort. Malgré la publicité de la

(1) Madame la marquise de Pézé était une des bienfaitrices du couvent des Minimes fondé à Sillé, par François de Cossé, duc de Brissac. Le 15 juin 1635, elle obtenait du général des Minimes, pour elle et ses enfants René, Jacques et Marie, un indult qui lui accordait participation aux bonnes œuvres de l'ordre.

(2) « Le 31 décembre 1651, décéda noble dame Marie de Lusignan de Saint-Gelais, marquise de Pézé, et le 3 janvier 1652 fut transportée de la Lucazière en l'église de Mont-Saint-Jean et inhumée le 8 février. M. Jary. » (Etat-civil.)

(3) Madame la marquise de Pézé jouissait d'une certaine réputation parmi les beaux esprits du temps et acceptait volontiers les dédicaces des auteurs. Elle avait de l'influence à la Cour où sa mère occupait l'importante fonction de gouvernante du roi Louis XIV.

vente, il se trouva peu d'acquéreurs, car ce n'était pas le moment de faire des acquisitions qui auraient pu devenir la proie des maraudeurs.

M. René de Courtarvel racheta tout à un prix très avantageux ; de là le mécontentement des créanciers qui entamèrent une longue procédure qui en fin de compte tourna au profit du marquis de Pézé.

Le 1er janvier 1651, M. René de Courtarvel et son frère Jacques, seigneur de Trémigon, clerc tonsuré et étudiant à Paris (1), firent le partage de la succession de leur père et de celle de leur sœur Marie, qui venait d'être pourvue de la riche abbaye du Pré ; le 10 novembre 1652, ils firent le partage de la succession de leur mère ; René donna à l'abbé Jacques l'usufruit de la terre de Pézé estimée 2.200 livres de revenu, et deux pensions viagères de chacune 800 livres pour sa part des successions de leurs père et mère et de Marie de Courtarvel, leur sœur.

René de Courtarvel portait le titre de marquis de Pézé sans avoir fait ériger Pézé en marquisat. Depuis 1606, ce n'était plus la seigneurie de Pézé que la famille ambitionnait de faire ériger en marquisat. Le château de Pézé était devenu inhabitable ; celui de la Lucazière, par sa belle architecture, par ses proportions grandioses, était devenu le logis seigneurial et la somptueuse demeure des riches seigneurs de Courtarvel. Avant d'obtenir l'érection en marquisat, il fallait d'abord faire ériger Courtarvel, La Lucazière et Mondan en châtellenie pour donner à ces seigneuries les privilèges de haute justice et les droits honorifiques attachés aux châtellenies. Charles de Courtarvel avait obtenu l'assentiment du baron de Sillé, moyennant la cession de la moitié

(1) Jacques de Courtarvel, né en 1630, après la mort de son père, entra dans l'état ecclésiastique ; il devint abbé de Saint-Martial de Limoges. Il habitait ordinairement à Paris et à Trémigon. Le château de Pézé, dont il avait la jouissance, était abandonné à cause des réparations considérables que son état exigeait.

des Bois du Débat, et celui de Charles de Lorraine, duc de Mayenne en 1608. René I de Courtarvel avait ensuite porté sa demande au Parlement. L'affaire ne marcha pas d'abord selon les désirs des seigneurs de Courtarvel. La cour de Sillé refusa de ratifier la transaction de 1606 entre le baron de Sillé et Charles de Courtarvel. Le maréchal de la Meilleraye, baron de Sillé et le duc de Mayenne, s'opposèrent à la création de la châtellenie et au droit de haute justice.

René de Courtarvel fit agir en sa faveur les plus hautes influences, et malgré l'opposition du baron de Sillé et du duc de Mayenne, il obtint un décret qui érigeait les terres de Courtarvel, la Lucazière et Mondan en châtellenie, le 27 juin 1657.

« Louis, par la grâce de Dieu, roy de France et de Navarre, à tous présens et advenir, salut. René de Courtarvel, chevalier, seigneur de Pézé, gentilhomme ordinaire de notre Chambre, nous a fait très humblement remonstrer qu'il est propriétaire de trois terres et seigneuries qualifiées savoir : Courtarvel, la Lucazière et Mondan et des fiefs notables qui y sont joints et annexés, les services qui ont été rendus aux Rois, nos prédécesseurs, et à nous, par le dit de Courtarvel, sieur de Pézé, et par ses ancestres, nous obligent de les reconnaistre en sa personne par des marques et prérogatives d'honneur, dignes de leur vertu et de leur fidélité ; Jacques de Courtarvel, bisaïeul dud. René, aurait servi avec grande affection et fidélité le roi Charles neuvième qui l'aurait élevé à la dignité de chevalier de son ordre, Charles de Courtarvel, son aïeul, aurait été gratifié de la charge de gentilhomme ordinaire du duc d'Alençon, fils et frère du roy, et ensuite à la charge de la compagnie d'ordonnance du marquis de Lavardin, dont il s'acquitta si dignement et des autres emplois qui lui furent confiés, que le roy Henry-le-Grand le voulut bien reconnaître par un don qui lui fut plus honorable qu'utile, le sieur de Courtarvel, père dud.

René, auroit suivi l'exemple de ses devanciers, ayant servi le feu roy notre Père, dans les guerres de religion et sièges de Montpellier et de la Rochelle avec une si grande dépense qu'il en auroit été notablement incommodé, le d. seigneur de Pézé, son fils, ayant continué les mêmes services au défunt Roy notre père et à nous, où il aurait servi volontaire dans l'armée de Flandres, en 1641, et s'en serait acquitté si dignement qu'il aurait été gratifié par le Roy, notre père, de la lieutenance d'une compagnie royale sous le commandement de notre cousin le duc de Brissac, et en cette qualité auroit rendu des services notables au siège et prise de Perpignan, en 1642, et auroit toujours continué depuis, et ayant été informé qu'il est propriétaire des trois seigneuries qualifiées : de Courtarvel, la Lucazière et Mondan, et d'autres fiefs qui y sont unis et annexés, d'un beau château, garennes, bois de haute futaye, vassaux et sujets qui tiennent de luy, lesquels il désirerait être érigées en titre de châtellenie, tant pour la décoration, honneur et dignité de sa maison, que de ses successeurs, ce qu'il nous auroit très humblement fait supplier et réquérir de lui accorder, attendu même qu'il est seigneur fondateur de la paroisse du Mont-Saint-Jean.

» A ces causes, et pour autres bonnes considérations, de l'avis de notre très-honorée dame et mère, avons créé et érigé, créons et érigeons par ces présentes chacune des dites terres de Courtarvel, la Lucazière et Mondan en titre, dignité et prééminence de châtellenie, pour en jouir par led. sieur de Pézé et ses successeurs perpétuellement et à toujours à titre de seigneur châtelain, selon la disposition de la coutume du Maine.

» Si donnons en mandement à nos amés et féaux les gens tenant notre Cour de Parlement, et gens de nos Comptes, sénéchal du Mans ou son lieutenant, que nos présentes lettres de création érection et établissement desd. trois châtellenies, ils fassent publier et registrer et du contenu d'icelles en fassent jouir led. sieur de Pézé, ses hoirs et ayant cause, mesme luy permettre de faire lire et publier à son de trompe et cry public aux villes, bourgs et villages circonvoisins, ainsi qu'il advisera bon être. Car tel est notre plaisir.

» Donné à la Fère, le vingt-septième jour de juin de l'an de grâce 1657, et de notre règne le quinzième. Signé : Louis. Et sur le reply, par le Roy, Le Telhier, visa, et scellées de cire verte en lacs de soye (1). »

Le roi Louis XIV donna au mois d'avril 1658 de nouvelles lettres patentes pour l'érection du marquisat de Courtarvel en reproduisant les mêmes considérations qu'en 1657.

Le Parlement les enregistra le 3 août 1663.

« Vu par la Cour les lettres-patentes du Roy données à Paris au mois d'avril 1658, par lesquelles et pour les causes y contenues, le dit seigneur avait créé et érigé en dignité, titre, nom et prééminence de marquisat à Mre René de Courtarvel, chevalier, seigneur dud. lieu, la Lucazière, Mondan, Pézé et autres fiefs et seigneuries, les dites châtellenies de Pézé, Courtarvel, la Lucazière, Mondan et leurs appartenances, pour dud. nom de marquis de Courtarvel, jouir par l'impétrant, ses hoirs masles, successeurs et descendans en loyal mariage, selon l'ordre de primogéniture, qui seraient appelés marquis dud. marquisat de Courtarvel à pareils droits de noblesse, privilèges et prérogatives qu'en jouissent les autres marquis du royaume, et pour décorer lad. terre, led. seigneur Roy auroit créé et érigé aud. bourg de Mont-Saint-Jean, qui est au milieu dud. marquisat, deux foires par an, l'une le jour de Saint-Jean-Baptiste, l'autre le douze novembre, lendemain de la Saint-Martin.

(1) Titre sur parchemin du chartrier de la Lucazière.

» Requête présentée à lad. Cour par led. impétrant à ce que procédant à la vérification des lettres du 27 juin 1657, il fut ordonné que les officiers de la justice desd. châtellenies qui seront au bourg de Mont-Saint-Jean, serviront à l'avenir aud. lieu sous le titre de Bailly et officiers de la justice du marquisat de Courtarvel.

» La cour en ce qui touche l'érection des terres de Courtarvel, la Lucazière, Mondan, Pézé et Saint-Germain en marquisat, ordonne que lesd. lettres soient enregistrées le 3 août 1663. »

L'exercice de la justice haute, moyenne et basse de Courtarvel était contestée par les officiers de la baronnie de Sillé et par ceux du duché de Mayenne, sous le prétexte que le bailli de Courtarvel était un juge sans possession ni caractère et n'avait pas produit des pièces valables justifiant son droit de justice.

Plusieurs condamnations avaient été déclarées nulles à Sillé et à Mayenne. Un arrêt de la cour de Mayenne, en 1667, avait refusé de reconnaître le droit de haute justice de Courtarvel. Le Marquis en appela au Parlement qui, le 27 janvier 1673, le maintenait contre Me Charles-Armand de la Porte, duc de Mazarin et de Mayenne, dans la possession d'exercer la justice haute, moyenne et basse dans les terres de Courtarvel, la Lucazière et Mondan, au Mont-Saint-Jean, et défendait au duc et à ses officiers de troubler ledit de Courtarvel, à peine de 1.500 livres d'amende, et réformait le jugement de 1667.

René de Courtarvel voulut annexer à ses propriétés de la Lucazière le fief du Mesnil qui s'étendait sur une grande partie de la paroisse de Mont-Saint-Jean. Il crut l'occasion favorable en 1667, et se rendit acquéreur d'une rente de 510 livres constituée par les enfants et héritiers de Pierre Leboucher, seigneur de Groigné et du Mesnil, et de Marie Lelarge. Cette vente avait été faite en l'absence de François

Leboucher, fils aîné, qui avait disparu du pays en 1654, après un assassinat et qui était supposé mort.

Mais en 1670, François Leboucher reparut après 14 ans d'absence, et comme fils aîné il réclama les deux tiers dans la succession de Marie Lelarge, sa mère, ainsi que les fruits perçus sur les terres depuis au moins cinq ans.

Les tribunaux lui donnèrent gain de cause. Il reprit la jouissance du Mesnil et fit déclarer nulle la vente faite au marquis de Courtarvel. Celui-ci actionna alors les vendeurs, il s'en suivit un procès qui ne fut terminé que le 31 mars 1694 par l'adjudication au siège de Mayenne de la terre du Mesnil à René de Courtarvel. Le Mesnil fut définitivement annexé aux propriétés de la Lucazière.

Dame Jacquine Legros, marquise de Courtarvel, mourut le 3 avril 1673. Depuis ce temps, jusqu'à sa mort en 1697, René II de Courtarvel vécut au château de la Lucazière, laissant l'administration de ses biens à son fils aîné, Charles de Courtarvel.

Ses autres enfants étaient :

Marie-Jacquine de Courtarvel, née le 20 juillet 1646 ;

Marie-Charlotte, née en 1661, épousa, en 1679, Me Pierre de Faudoas, chevalier, comte de Sérillac, seigneur de Courtcilles, Juillé, Doucelles, Sérillac, etc., fils de feu Jean de Faudoas, comte de Sérillac, et de Marguerite de Piédefert (1) ;

Marie-Madeleine, prieure des Filles-Dieu, du Mans, morte en 1731.

CHARLES II DE COURTARVEL, MARQUIS DE PÉZÉ

Charles II de Courtarvel, né en 1645, de René II et de Jacquine Legros, fit ses premières armes en 1667, sous le

(1) 7 septembre 1679, mariage de M. Pierre de Faudoas, chevalier, comte de Sérillac, seigneur de Courteille, Juillé, Doucelles, Sérillac, fils de feu Jean de Faudoas et de Marguerite de Piédefert, et de Marie-

commandement de Turenne, en Flandre, et prit part aux grandes guerres de Louis XIV en Franche-Comté et en Alsace. Il épousa, en 1673, Marie-Madeleine de Vassan.

Les articles du contrat furent stipulés, le 2 juillet 1673, par René de Courtarvel, chevalier, marquis dudit lieu, sieur de la Lucazière, Pézé, Mondan, Saint-Germain, Pont-de-Varennes et Trémigon, père de Charles, et par Me Charles de Vassan, seigneur de Morsan-sur-Orge, Esmenonville, la Tournelle, Cuvergnon, Grand-Champ, Germaincourt, etc..., conseiller au Parlement de Paris, et dame Marie Mouet, son épouse.

Il mit opposition à la vente par décret de la baronnie de Sillé à la princesse de Conti et fit alors le retrait féodal de la moitié des bois du Débat. Il avait droit de prendre dans ces bois, tout ce qui était nécessaire à son chauffage et aux réparations de ses propriétés, le baron de Sillé y avait le tiers et le danger, c'est-à-dire le tiers du prix de vente lorsque les bois étaient vendus. Les officiers de Sillé lui cherchaient à chaque instant chicane à ce sujet : en 1686, ils firent saisir le garde et jeter en prison, et condamnèrent plusieurs chartiers à de fortes amendes pour avoir enlevé le bois en litige.

Charlotte de Courtarvel, fille de René de Courtarvel, marquis de Pézé, et de feu Jacquine Legros.

Présents : M. Joseph de Bellemare, ch. s. de Taillevis ; Me Roger des Fougerais, prêtre, chevalier, sieur des Fougerais ; Louis-Charles de Moré, sieur de Chauffour ; Arnoul Pillon, avocat au siège présidial ; Guillaume Ménard, le jeune, avocat au Mans.

De ce mariage naquirent :

1° Jacques-Antoine-Pierre de Faudoas, comte de Sérillac, marié en 1707 à Dorothée Le Maire de Millières, et en 1709, à Marie Hervé de Carbonnet ;

2° Louise-Catherine de Faudoas, mariée 1° à Emmanuel-Jacques Le Silleur, seigneur de Soulgé-le-Ganclon ; 2° en 1746, à Jacques d'Anthenaise ;

3° Françoise-Charlotte de Faudoas, femme de Charles-Louis de Villejean, sieur de la Girardière.

Charles de Courtarvel en appela au Parlement.

L'affaire ne fut jugée que le 12 août 1693, en faveur de Marie-Madeleine de Vassan et de Jacques de Courtarvel, abbé de Pézé ; les agents de la princesse de Conti furent condamnés à restituer les amendes avec les intérêts depuis 1686 et défense leur fut faite d'user de nouveau de voies de fait envers les gardes de la dame de Pézé.

Charles de Courtarvel, comme ses prédécesseurs, avait cherché à se faire une situation à la cour. En 1673, il acheta d'Anne de Balaine une charge de gentilhomme de la chambre du duc d'Orléans (1).

Charles II de Courtarvel, marquis de Pézé, mourut le 1er février 1689, à l'âge de 44 ans et ne porta jamais le titre de marquis de Courtarvel ; son père lui survécut jusqu'en 1697.

Il laissait un grand nombre d'enfants mineurs :

1° Louis-René I, marquis de Courtarvel ;

2° Jacquine-Françoise, née en 1674, épouse de Louis de Bresseau, marquis de Montfort (2) ;

3° Charlotte-Madeleine, née en 1677, abbesse d'Etival ;

4° Françoise, née en 1678, mariée à Louis de Biards, seigneur de Saint-Georges ;

(1) 11 décembre 1673. Démission d'office, dans la maison du duc d'Alençon, par Anne de Balaine, en faveur de Charles de Courtarvel. — 25 décembre. Commission de charge de gentilhomme de la chambre du duc d'Orléans, pour Charles de Courtarvel. — 7 mars 1674. Réception dans la charge d'officier de la maison du duc d'Orléans.

(2) Louis de Bresseau, marquis de Montfort, était fils de Louis-Anne de Bresseau, chevalier, seigneur de Méaussé, marquis de Montfort, et de Prudence de Halot. Il eut de Jacquine-Françoise de Courtarvel :

1° François de Bresseau, marquis de Montfort, décédé en 1733 ;

2° Renée-Françoise de Bresseau, femme de Claude-Jacques-César, comte de Murat ;

3° Madeleine-Henriette de Bresseau, femme de Me Michel Procoppe, comte, docteur régent de la Faculté de Médecine de Paris.

5° Henri-Hubert ou Louis-Hubert, abbé de Pézé, né en 1679 (1) ;

6° Hubert de Courtarvel, dit le chevalier de Pézé, puis le marquis de Pézé, né en 1682 (2) ;

7° Cécile, née en 1685, prieure des Filles-Dieu, du Mans ;

8° Marguerite, née en 1681, qui épousa, en 1713, Guillaume de Vallée, vicomte de Champfleurs (3).

LOUIS-RENÉ I, MARQUIS DE COURTARVEL DE PÉZÉ

Marie-Madeleine de Vassan fut instituée bail et garde-noble de ses enfants mineurs par le conseil de famille, le 7 juin 1689. C'était une lourde responsabilité que la charge de huit enfants mineurs qu'il fallait élever selon leur rang dans le monde.

Elle fut aidée par son beau-père, le marquis de Courtarvel, qui habitait avec elle le château de la Lucazière.

Louis-René fut émancipé par justice le 28 avril 1695, mais occupé à l'armée, il laissa sa mère administrer ses

(1) 22 décembre 1681. « A reçu les cérémonies du baptême, le second fils de Me Charles de Courtarvel et de Marie-Madeleine de Vassan, ondoyé le 4 novembre 1679, et nommé Henri-Hubert, par M. Henri de Groignet, marquis de Vassé, et par Jacquine-Françoise de Courtarvel, au nom de Catherine de Vassan. » (État-civil.)

(2) Le 5 décembre 1682. A été baptisé Hubert, fils de M. Charles de Courtarvel, chevalier, marquis de Pézé, seigneur dudit lieu, Mont-Saint-Jean, Saint-Germain de Courtlamer, et de Marie-Madeleine de Vassan. Parrain : René Duval, prêtre vicaire, et marraine demoiselle Françoise de Courtarvel, sœur dud. sieur Hubert. Guillaume Chaillou, curé.

(3) « Le 11 mai 1713, la bénédiction nuptiale a été donnée par nous soussigné, à messire Guillaume de Vallée, chevalier, vicomte de Champfleurs, seigneur de la paroisse de Fyé, et à dlle Marguerite de Courtarvel de Pézé, en la chapelle de la Lucazière, par permission de Mgr l'évêque du Mans, et dispense de deux bans, en présence de la marquise de Pézé, douairière, de M. le marquis et la marquise de Pézé. » (État-civil.)

biens jusqu'à Pâques 1698. Il portait alors le titre de marquis de la Lucazière, il ne prit le titre de marquis de Courtarvel qu'après la mort de son grand-père, en 1697.

Marie-Madeleine de Vassan rendit compte à son fils de sa gestion en 1701. Nous y trouvons des détails très intéressants sur les dépenses qu'étaient obligés de faire les nobles pour le service du roi. Si la noblesse avait des privilèges, elle avait aussi des charges souvent écrasantes ; car les seigneurs étaient astreints au service militaire, et chaque fois que le roi les appelait, ils devaient se rendre à l'armée avec armes, chevaux, équipages, valets, et faire bonne figure selon l'importance du grade.

Le règne de Louis XIV, surtout pendant les vingt dernières années, furent une suite presque continuelle de campagnes où les défaites furent plus fréquentes que les victoires.

Louis-René de Courtarvel fit son apprentissage militaire ; dès 1692, il était reçu page à la petite écurie du roi, après avoir présenté les preuves de la noblesse de sa famille.

A l'âge de 18 ans, 1694, il entrait dans les mousquetaires du roi. Sa mère lui fournissait l'équipage : 400 livres pour entrer dans les mousquetaires, 75 livres pour un habit. Elle achetait du marquis de Rosen, le 13 mars 1694, une charge de capitaine ou cornette dans le régiment de mestre de camp de la cavalerie légère de France, pour 5.100 livres et dépensait une pareille somme pour le mettre en équipage et l'entretenir de Pâques 1694 à 1695 :

400 livres pour deux chevaux bays ;

196 livres lors de son départ pour l'armée ;

100 livres envoyées en Flandre ;

100 livres avancées par l'abbé de Pézé, son oncle.

Louis-René revint à la Lucazière au mois de novembre 1694 avec deux chevaux et deux valets, il en repartit à la fin de janvier avec le même équipage.

Sa mère lui donna 60 livres pour un cheval de bast, 200 l.

à son départ, 1154 l. pour payer des équipages et des marchandises qu'il avait achetées à Paris, 583 l. pour marchandises, 42 l. pour une housse de bast, 80 l. pour faire des tentes, 135 l. de serge pour habiller 4 valets, 200 l. d'argent, 250 l. pour aller se faire recevoir dans la compagnie que le roi lui avait donnée, 300 l. au brigadier pour une revue.

Le 3 octobre 1695, étant revenu de l'armée avec neuf chevaux et cinq valets, il partit du château de la Lucazière le 22 décembre, revint au mois d'avril et le 8 mai emmena tout son équipage, 10 chevaux et 6 valets ; dépenses : 1.817 livres.

Le 8 novembre 1696, il revenait avec 11 chevaux et 4 valets, il en repartit le 8 mai 1697.

Le 17 novembre 1697, il ramenait à la Lucazière 8 chevaux et 5 valets ; le 20 mai 1698, il repartait avec tout son équipage pour Saint-Quentin. Sa mère comptait une dépense de 8.788 livres pour les cinq années ; elle lui faisait grâcieusement remise de moitié de la somme jusqu'à l'époque de son mariage (1).

Louis-René de Courtarvel, sans cesse occupé avec sa compagnie dans les guerres désastreuses que Louis XIV eut à soutenir contre toute l'Europe, dans les quinze dernières années de sa vie, n'avait pas encore eu le temps de choisir une épouse.

Il se maria le 19 janvier 1708 avec Éléonore-Charlotte de la Hautonnière, fille de Charles de la Hautonnière, seigneur comte de la Hautonnière et de la Pihoraie, gouverneur de la ville et château de Rennes, et de Guyonne de Miniac (2). Cette alliance fut stérile ; le 30 janvier 1719, M. et Mme de

(1) 21 avril 1701. Règlement entre Marie-Madeleine de Vassan et Louis-René de Courtarvel, son fils aîné, sur le compte rendu par la dame de Pézé au marquis de Pézé, son fils.

(2) Voir *Dictionnaire de la Mayenne*, art. *La Hautonnière* et *La Pihoraie*.

Pézé dictaient leur testament par lequel ils faisaient donation mutuelle de leurs biens au survivant.

Après la mort du marquis Joseph de la Hautonnière, gouverneur de Rennes, sa sœur, Françoise de la Hautonnière, demeurant au château de la Pihoraie, paroisse de Saint-Ellier, avait eu dans ses partages la charge héréditaire de gouverneur de Rennes.

Elle céda ses droits, le 25 janvier 1722, à son beau-frère Louis-René de Courtarvel, pour la somme de 10.000 livres, en présence de Me Gilbert des Vaux, marquis de Lévaré, et de M. René Tanquerel, conseiller du roi, rapporteur du point d'honneur de MM. les Maréchaux de France, procureur général du duché de Mayenne.

Le 13 juin 1722, Louis-René de Courtarvel rétrocédait le gouvernement héréditaire de Rennes à son frère, Hubert de Courtarvel, chevalier de Pézé, brigadier des armées du roi, mestre de camp, lieutenant du régiment du roi-gentilhomme, gouverneur du château de la Muette, demeurant aux Tuileries, paroisse de Saint-Germain-l'Auxerrois, à la condition que si Hubert venait à mourir sans enfant mâle, la charge reviendrait au marquis de Pézé. Le 3 juillet suivant, Hubert donnait procuration à Louis-René pour prendre possession en son nom, de la charge de gouverneur de Rennes.

M. Hubert de Courtarvel, dit le marquis de Pézé, avait épousé Nicole-Lydie de Beringhen, fille de Jacques-Louis, marquis de Beringhen, comte de Châteauneuf, seigneur d'Assé-le-Boisne, et de Marie-Élisabeth Fare d'Aumont de Villequier.

Il devint colonel du régiment du roi, maréchal de camp, lieutenant-général, et mourut des suites des blessures qu'il avait reçues à la bataille de Guastalla, en 1734 (1).

(1) Cauvin, dans son *Essai de statistique sur l'arrondissement du Mans*, article *Pézé*, dit que Hubert de Courtarvel, marquis de Pézé,

Il laissait deux filles, Marie, qui mourut jeune, et Louise-Madeleine de Courtarvel, qui épousa en 1743 son cousin-germain, Mathurin-Armand, marquis de Vassé, baron de la Roche-Mabille, vidame du Mans, fils d'Emmanuel-Armand Grognet de Vassé et d'Anne-Bénigne-Fare de Beringhen (1).

lieutenant-général des armées du roi, fut promu à la dignité de maréchal de France, le 28 octobre 1734, peu de temps avant sa mort à la bataille de Guastalla, le 29 novembre suivant. Dans les titres nous n'avons pas trouvé confirmation de cette promotion au maréchalat.

Voici les états de services de Hubert de Courtarvel, tirés de la *Chronologie historique et militaire*, de Pinard, t. V, pp. 179 et 180.

Hubert de Courtalvert, marquis de Pézé, d'abord connu comme chevalier de Pézé, servit comme aide-de-camp du comte de Tessé, 1700.

Aide-major, puis capitaine au régiment de Bozelli-Dragons, 1702-1706.

Enseigne, sous-lieutenant, lieutenant puis capitaine au régiment des Gardes-Françaises, 1707-1711.

Gentilhomme de la chambre du roi, 1716.

Gouverneur de la Muette, 1719.

Lieutenant-colonel au régiment du Roi-Infanterie, 1719.

Brigadier, 1720.

Prit le nom de marquis de Pézé en se mariant, le 22 novembre 1722.

Obtint le gouvernement de Rennes et de Madrid près de Boulogne, et le grade de maréchal de camp, 1727.

Lieutenant-général des Armées du Roi, 1er août 1734.

Blessé mortellement à la bataille de Guastalla le 19 septembre 1734, mort le 23 novembre suivant, à l'âge de 54 ans.

(1) 23 mai 1743. « Contrat de mariage de Me Armand-Mathurin, marquis de Vassé, baron de la Roche-Mabille et de la Touchée-d'Avrigny, seigneur de Ballon, Sumeraine, Favières, Brécé, du Parc-d'Avaugour, d'Azay-le-Rideau, vidame du Mans, gouverneur du château royal de Plessis-les-Tours, colonel du régiment de Picardie, brigadier des armées du roi, fils de Anne-Bénigne-Fare-Thérèse de Béringhen, veuve de Emmanuel-Armand, marquis de Vassé, et de Louise-Madeleine de Courtarvel de Pézé, marquise de Mézières, dame de l'Isle et Marteau, Bonaban et la Gouennière en Bretagne, Linthe et Fyé, fille mineure de feu Me Hubert de Courtarvel, chevalier, marquis de Pézé, maréchal de camp, colonel du régiment du roi et commandeur des ordres du roi, et de Nicole-Lydie de Béringhen, en présence de Me Henri-Hubert de Courtarvel de Pézé, aumônier du roi, abbé commendataire de Beaupré et de Saint-Jean-d'Angély, oncle paternel, et de Me Henri-Camille, marquis de Beringhen, chevalier, premier écuyer de sa Majesté, gou-

Éléonore-Charlotte de la Hautonnière mourut au château de la Lucazière, le 30 octobre 1730 (1).

Le marquis de Courtarvel contracta une nouvelle alliance avec Louise-Charlotte de Thibault de la Roche-Tullon, veuve en premières noces de Jean Barthelemy de Montiffault (2).

Le contrat de mariage fut signé le 3 juin 1732 au château de Mayet, par Me Louis-René de Courtarvel, chevalier, marquis de Courtarvel, la Lucazière, Mondan, Pézé, Saint-Germain, Trémigon, et par Me Jean-Baptiste de Thibault de Noblet des Prés, comte de la Roche-Tullon, chevalier de Saint-Louis, ancien colonel d'infanterie, et Françoise-Marguerite-Antoinette de Thibault de la Roche-Tullon, père et mère de la future (3).

verneur de Chalons-sur-Saône, des ville et château de Rennes, des châteaux de la Muette et de Madrid, capitaine des chasses du parc et bois de Boulogne et gruyer desd. lieux, marquis d'Huxelles, comte d'Armauvillers, seigneur d'Yvry-sur-Seine, Cormatin, oncle maternel. »

Au contrat on voit les signatures du roi Louis XV, des princes et princesses du sang, et des représentants de la plus haute noblesse de France. (Chartrier de la Lucazière.)

(1) Le 30 octobre 1730, a été inhumé le corps de H. et P. dame Charlotte-Éléonore de la Hautonnière, marquise de Pézé, Mont-Saint-Jean et autres lieux, âgée de 63 ans, par nous curé soussigné, dans l'église de cette paroisse. Mauboussin.

(2) 13 août 1722. Mariage de Jean Barthelemy, écuyer, seigneur de Montiffault, fils de Jean Barthelemy, conseiller à la Cour des Comptes, et de Geneviève Legrain, et de Louise-Charlotte de Thibault de la Roche-Tullon, fille de Jean-Baptiste de Thibault, comte de la Roche-Tullon, chevalier de Saint-Louis, ancien colonel d'infanterie, et de Françoise-Marguerite-Antoinette de Thibault de la Roche-Tullon, demeurant au château de Beaudiment, près Poitiers. Le futur apportait en mariage 150.000 livres, et le moulin de Meulan.

(3) 7 juin 1732. Contrat de mariage de Louis-René, marquis de Courtarvel, seigneur de Pézé, la Lucazière, Mondan, Mont-Saint-Jean, Saint-Germain, Trémigon, et de Louise-Charlotte de Thibault de la Roche-Tullon, veuve de J. Barthelemy de Montiffault, fille de M. Jean-Baptiste Thibault de Noblet des Prés, comte de la Roche-Tullon, chevalier, ancien colonel d'infanterie, et de Françoise-Marguerite-Antoinette de Thibault de la Roche-Tullon, baronne de Varennes-l'Enfant, la Troussière, la Guenaudière, châtelaine de Beaumont et de Beaudi-

M. le marquis de Courtarvel agrandit considérablement son domaine à Mont-Saint-Jean et dans les environs.

En 1709 il se porta acquéreur des fiefs et seigneuries de Cordé et de Bures ; mais la princesse de Conti, baronne de Sillé fit le retrait féodal de ces fiefs et les réunit à Sillé.

En 1719, il achète de François de Loubat-Carles et de sa femme Françoise de Courtarvel, les fermes de la Bouteveillère, la Bouglière, le Bignon, le Cormier, à Douillet, et Cornillé, à Saint-Georges (1).

En 1710, il achète le fief du Grand-Timont et la Rogerie, de François Rivault de Beauvais.

En 1711, Hubert de Courtarvel lui cède le Grand-Mesnil qui était dans ses partages.

En 1737, dame Eustelle-Thérèse de la Roche-Corbon, femme séparée de biens de Louis-Charles, comte de la Mothe-Houdancourt, grand d'Espagne, lieutenant-général, gouverneur de Mézières, vend au marquis de Courtarvel la terre noble, fief et seigneurie de Vaux, château, les Rablais, la Houssaye, Launay, la Guenillère, les Rablais du

ment, dame de Chenesru et du château de Mayet, demeurant au château de Mayet.

Celle-ci prenait ces titres de dame de Varennes et Chenesru comme héritière du marquis Claude de Beaumanoir, par sa mère Marie-Claude de Beaumanoir, et de Pierre-Emmanuel de Thibault de la Roche-Tullon, ses parents.

(1) Françoise de Courtarvel, femme de François de Loubat-Carles, était fille de Charles de Courtarvel, sieur de Coulombiers, et de Françoise Piau. En 1591, Françoise Piau, demeurant à la Boutteveillère, fait un acte de cession de ses biens à ses petits-enfants, attendu le mauvais ménage et conduite de François Loubat, sieur de Carles et de Françoise de Courtarvel, sa fille unique.

En 1619, Camille de Loubat-Carles et Marie-Anne de Sirard, vendent leurs biens de Douillet au marquis de Courtarvel.

André Charles de Fourcroy, sieur de Varipont, second mari de Françoise de Courtarvel, entama une longue procédure au sujet de l'héritage de Françoise Piau. Le 27 mars 1740, sa veuve céda tous ses droits pour 16.000 livres au marquis.

Douet, la Rabonnière et la seigneurie de Bérus et de Gesnes-le-Gandelin, pour 100.000 livres.

En 1740, il achète la Voierie, l'Avrillerie et la Beudinière, de Catherine Favry, veuve de Louis Sévin des Après.

En 1745, il achète encore la Lorie et le Petit-Tertre, de Grégoire Billard et de Marie Vergnaud.

La même année, il se rend acquéreur de la seigneurie de Saint-Georges-le-Gaultier, des fiefs de Touchamps, Niaufle, Soucelles et Courtimont (1).

En 1746, il achète la métairie de la Foubayère, à Douillet.

En 1748, il fait le retrait féodal d'une rente de 500 livres sur la Droulinière, avec l'intention d'acquérir le domaine sur les héritiers de Herbelin.

Enfin il achète les seigneuries de Sallaines et du Boulay, à Crissé, de Louis-François de Sallaines. (4 novembre 1749).

Il ne lui restait plus à acquérir que le fief de la Bermondière pour avoir la paroisse tout entière de Mont-Saint-Jean sous sa domination seigneuriale. Ses successeurs y parviendront avant la fin du siècle.

Louis-René de Courtarvel perdit sa mère Marie-Madelaine de Vassan, qui s'était retirée au Mans chez sa fille Cécile, prieure des Filles-Dieu, et qui y mourut en 1739. Marguerite de Courtarvel, veuve de Guillaume de Vallée, s. de Champfleurs, et l'abbé de Pézé se désistèrent de sa succession en faveur du marquis leur frère, moyennant une rente de 300 l. à Me de Champfleurs et de 200 l. à l'abbé, en 1746.

Louis-René I, marquis de Courtarvel, mourut à la Lucazière le 1er octobre 1752 à l'âge de 76 ans (2).

(1) La vente de Saint-Georges fut faite le 17 septembre 1745, par MM. de Biards, seigneurs de Saint-Georges-le-Gaultier, petits-fils de Louis de Biards et de Françoise de Courtarvel.

(2) 1er octobre 1752. « A été inhumé dans le chœur de l'église de Mont-Saint-Jean messire Louis-René de Courtarvel, marquis de Pézé, seigneur dud. lieu, Mont-Saint-Jean, Saint-Germain, Saint-Georges, Fyé, Gesnes, Bérus et autres lieux, âgé de 76 ans. » (Etat-civil.)

Il laissait de son mariage avec Louise-Charlotte de Thibault de la Roche-Tullon trois enfants :

1° Louis-René II François de Courtarvel, né le 22 juin 1740 ;

2° Louise-Jeanne-Marie de Courtarvel, née le 15 avril 1733 ;

3° Henriette-Marie-Charlotte de Courtarvel, née le 2 juillet 1735.

LOUIS-RENÉ II, MARQUIS DE COURTARVEL ET DE PÉZÉ, 1752-1759

Louise-Charlotte de Thibault de la Roche-Tullon restait veuve avec trois enfants mineurs, dont elle eut le bail et garde noble.

Le 29 décembre 1752 on réunissait le conseil de famille pour nommer un subrogé-tuteur aux enfants : MM. Henri-Hubert de Courtarvel, abbé de Pézé, oncle ; Louis, marquis de Mascrani, oncle, François de Mascrani, comte de Château-Chinon, président de la Chambre des Comptes, oncle, Claude-Jacques César, marquis de Murat et Montfort, comte de Gibertier, colonel, mari de Louise-Françoise-Renée de Bresseau, cousin germain ; Guillaume-François Jolly de Fleury, procureur général au Parlement, cousin ; Claude-Philippe-Anne de Thibault, marquis de Tullon et de Mayet, oncle ; Alexandre de la Martellière, capitaine de dragons, oncle ; Henri-François de Biards, s. de l'Hommois. Ils choisirent M. Henri-Hubert de Courtarvel, abbé de Pézé. On fit l'inventaire de la fortune du marquis de Courtarvel, en biens propres et en biens d'acquêts en communauté avec Louise-Charlotte de Thibault de la Roche-Tullon.

En Mont-Saint-Jean

Les anciens propres du marquis étaient :

Le marquisat de Courtarvel, la Lucazière et Mondan, le fief

de la Motte-Pichart, les bois de haute futaie de Courtarvel, les bois taillis des Brosses, les Layées, le bois du Débat ou de la Lucazière, la Foutelaye, l'Etang-Rompu ;

Les moulins de la Cour de la Lucazière, de Courtarvel, du Petit-Mesnil ;

Le moulin à foulon de la Bouffayère, place du moulin de Combran, ruiné ;

Les métairies ou bordages suivants : la Guyonnière, la Maisonnette, la Pitière, la Buglaire, la Haute-Chalousière, la Voye, la Rainerie ;

Le fief et domaine du Grand-Mesnil, la Grande-Mouardière, la Turillère ;

Le fief et domaine du Grand-Timont, la Rogerie ; le fief et domaine de Combran, le Grand-Pin, le Petit-Pin, les Alleux, l'Éperonnière, la Barbière, Yvray, la Goumellerie, le Breil ;

Les biens d'acquêt : la Voierie, l'Avrillerie, la Beudinière, la Lorie, le Petit-Tertre.

En Saint-Germain de Coulamer

Le fief de Saint-Germain et la dîme inféodée, la Grande-Métairie, Boufource, la Suhardière, rente sur le moulin de Classé.

En Saint-Pierre-la-Cour

Bois taillis de la Moussaie et du Breuil.

En Pézé

Fief, seigneurie et domaine de Pézé, les métairies de Vieux-Moulin, la Troussardière, la Chauvinière, Vautorte, Hautefollie, Courteilles ; bois taillis de Pézé, Grosse-Tasse où le baron de Sillé a le tiers et le danger.

En Ségrie

La Devise, Pommereuil, bois taillis, maison de garde.

En Vernie

Quatre quartiers de vignes.

En Crissé

La métairie de la Mazure, le moulin de Ponthor ;

Biens d'acquêts : Le château, fief et domaine de Sallaines ; le fief du Boulay, la Vigne, la Maisonneuve, le Moulinneuf, la Grouas, la Riverie, l'Epinay, Haut-Hercé, Gruon.

En Douillet

La Bouteveillère, la Bouglière, le Cormier, le Bignon ;

Acquêts : La Foubayère, rente sur la Droulinière.

En Saint-Georges

La Rivière et Cornillé ;

Acquêts : Le fief et château de Saint-Georges, les fiefs de Niaufle et Soucelles, domaine et fief de Courtrain, le Plessis, le moulin de Cheveillon, la Grande-Métairie ; les bordages du Haut-du-Bourg, du Bas-du-Bourg, la Chatellerie, la Massuère, la Morinière ; carrière d'ardoise ; rente sur le moulin à papier.

En Gesnes-le-Gandelin

Acquêts : La seigneurie, fief et château de Vaux ; moulin, étang, le Douet, les Rablais, Launay, la Rabonnière, bois taillis, le fief de Bérus ;

Le grand moulin et péage de Meulan, dans l'Ile de France ;

En Bretagne, les fiefs, seigneurie et château de Trémigon, paroisse de Combourg, étangs, métairies et bordages.

La fortune du marquis de Courtarvel était estimée, par les hommes d'affaires, à 1.617.070 livres.

La marquise de Courtarvel fit faire par François Boistard, notaire à Mont-Saint-Jean, l'inventaire détaillé des meubles du château de la Lucazière, et en particulier des archives contenues dans deux vieilles armoires, couvertes de cuivre et dans un vieux bahut.

Les titres et les papiers de famille étaient rangés soigneusement en 88 liasses, qui rendaient les recherches faciles.

Malheureusement un grand nombre des pièces énumérées dans l'inventaire ont disparu du chartrier, soit qu'elles aient été brûlées à l'époque de la Révolution, soit qu'elles aient été rejetées par les feudistes comme papiers inutiles et bons à mettre en layettes On a conservé les titres honorifiques, les titres de propriété, de partages et de procédure. Mais les aveux, les déclarations et les remembrances des fiefs, au nombre de plus de 4.500 pièces, ont été détruits (1).

Le 5 avril 1753, un conseil de famille auquel prirent part MM. Henri-Hubert de Courtarvel, abbé de Pézé ; Mgr Charles-Louis de Froulay, évêque du Mans ; Victor de Riquety, marquis de Mirabeau ; Charles, marquis de Vassan ; Claude J. C., marquis de Murat et Montfort ; le marquis de la Roche-Tullon, oncle ; Claude de Thibault de Noblet, cousin, émit son avis pour l'émancipation de Louise-Jeanne-Marie, âgée de 20 ans, et de Charlotte-Henriette-Marie, âgée de 18 ans. Le jeune marquis n'avait alors que 13 ans.

Le 15 mai il était procédé au partage provisoire des deux

(1) 29 décembre 1752. Inventaire des meubles, titres et papiers de la succession de M. Louis-René de Courtarvel, à la requête de dame Louise-Charlotte de Thibault de la Roche-Tullon, sa veuve.

tiers au tiers des immeubles de la succession de Louis-René de Courtarvel ; en même temps on établissait un projet de réglement de succession entre Louise-Charlotte de la Roche-Tullon et ses enfants.

Jacques-Nicolas Meslier, bailli de Courtarvel, fit un état de la fortune du marquis de Courtarvel et le soumit le 29 août 1754 au conseil de famille réuni pour choisir des tuteurs aux enfants de Courtarvel, à l'effet de procéder en leur nom au partage des immeubles de la succession de leur père, aux subdivisions qui pourraient se faire entre les trois enfants, et aussi avec leur mère, au partage des conquêts, immeubles de la communauté établie par le contrat de mariage.

Le conseil de famille se composait de : H. et P. Messire Henri Hubert de Courtarvel de Pézé, aumônier du roi, abbé commendataire de Saint-Jean-d'Angély et de Beaupré, oncle paternel ; Victor de Riquety, marquis de Mirabeau, oncle paternel ; François-Charles-Xavier de Coriolis, marquis d'Espinouse, président à mortier au Parlement de Provence, cousin paternel ; Amable-Pierre-Thomas de Bérulle, président au Grand-Conseil, cousin paternel ; Charles, comte de Montesson, lieutenant-général des armées du roi, cousin paternel ; Guillaume-François-Louis Jolly de Fleury, procureur général au Parlement de Paris, cousin paternel ; Nicolas-Antoine Mougin, chanoine de l'église de Paris ; Etienne-François-Xavier de Champorien, chanoine théologal de l'église d'Arles ; Pierre-Auguste de Beaulieu, écuyer, chevalier de Saint-Louis et contrôleur dud. ordre.

Ils choisirent pour tuteur de Louis-René-François de Sales, marquis de Courtarvel, âgé de 14 ans, le seigneur abbé de Pézé, son oncle ; de Louise-Jeanne-Marie de Courtarvel, âgée de 21 ans, émancipée par justice, Pierre-Auguste de Beaulieu ; de Henriette-Charlotte-Marie de Courtarvel, âgée de 18 ans, émancipée par justice, Jacques-

Nicolas Meslier, bailli de Courtarvel. Le partage définitif fut fait le 14 mai 1755.

Mais au commencement de 1759 Louis-René-François de Sales, marquis de Courtarvel, seigneur de la Lucazière, Mondan, Pézé, Saint-Germain, Mont-Saint-Jean, Saint-Georges, Gesnes, Bérus, Trémigon, mourut à l'âge de 19 ans ; avec lui s'éteignait la branche aînée de Courtarvel, et le titre de marquis de Courtarvel passa à M. Jean-Louis-Hubert de Courtarvel, de Baillou, représentant de la branche cadette qui remontait à Pierre de Courtarvel, seigneur du Grand-Bouchet, fils de Jacques de Courtarvel et de Suzanne de Thoinon (1).

MARQUIS DE DREUX-BRÉZÉ

La famille de Dreux, originaire du Poitou, comptait de nombreux représentants au XVe et au XVIe siècle (2).

L'auteur de l'illustration de la famille fut Thomas de Dreux, chevalier, seigneur de la Galissonnière, fils de Pierre de Dreux et de Marie Sagnier ; il avait épousé Marie-Marguerite Bodinet, et était devenu conseiller au Parlement de Bretagne. Il acheta, en 1675, le marquisat de Brézé, en Anjou et mourut en 1731 à l'âge de 91 ans.

Son fils, Thomas de Dreux, marquis de Brézé, marié à Catherine-Angélique Chamillart, était lieutenant-général des armées du roi, gouverneur de Loudun et du pays Loudunois ; il acquit en 1701 la charge de grand-maître des cérémonies de France, qui se transmit héréditairement dans sa famille ; il mourut en 1749. Son fils aîné, Michel de Dreux, marquis de Brézé, lieutenant-général, grand-maître des cérémonies, mourut en 1754 ne laissant pas d'héritiers de Isabelle de Dreux de Nancré, sa cousine, qu'il avait épousée en premières noces, et de Louise-Elisabeth de la Chastre, qui lui survécut.

(1) Armoiries de la famille de Courtarvel : *D'azur au sautoir d'or, cantonné de 16 losanges de même.*

(2) Cf. ci-contre la généalogie de la famille de Dreux.

GÉNÉALOGIE DE LA FAMILLE DE DREUX

Méry de DREUX (1520-1577), marié à Charlotte de la COUSSAYE.

Simon de DREUX, auteur de la branche de CREUILLY.	Claude de DREUX, auteur de la branche de NANCRÉ.	Thomas de DREUX, auteur de la branche de BRÉZÉ.
	Antoine de DREUX-NANCRÉ (1591-1668).	Charles, marié à Françoise de CÉRISAY (1610).
	Claude de DREUX-NANCRÉ (1631-1720).	Pierre, mari de Marie SAGNIER (1636).
Jacques de DREUX-NANCRÉ. —	Aimé de DREUX-NANCRÉ (1670-1729).	Thomas de DREUX, 1er marquis de BRÉZÉ, mari de Marie-Marguerite BODINET (1677-1731).
	Isabelle de DREUX-NANCRÉ, mariée en 1720 à Michel de DREUX-BRÉZÉ.	Thomas de DREUX, 2e marquis de BRÉZÉ, 1er grand-maître des Cérémonies (1701). — Marié en 1698 à Catherine-Angélique CHAMILLART.

Elisabeth de DREUX, mariée en 1723 à Bertrand-César DUGUESCLIN.	Catherine, J.-B. POUSSARD, marquis du Vigean.	Michel de DREUX-BRÉZÉ (1700-1754), 3e marquis, grand-maître, lieutenant-général. — Marié 1o en 1720 à Isabelle de Dreux-Nancré; 2o en 1749 à Louise de la CHATRE.	Joachim de DREUX-BRÉZÉ (1710-1781), 4e marquis, grand-maître, lieutenant-général. — Marié en 1755 à Louise-Jeanne-Marie de COURTARVEL.

(Extrait des Documents de l'Affaire de Dreux-Brézé.)

Son frère cadet, Joachim de Dreux-Brézé, hérita de tous ses titres (1). Il devint seigneur de Mont-Saint-Jean, par son mariage avec Louise-Jeanne-Marie de Courtarvel.

Le mariage fut célébré avec un éclat extraordinaire à Paris, le 27 mai 1755.

Les articles du contrat furent signés le 24 mai dans l'hôtel du marquis, rue du Regard, paroisse de Saint-Sulpice (2).

« Contrat de mariage de Messire Joachim de Dreux, chevalier, marquis de Brézé, baron de Berrye et autres lieux, maréchal des camps et armées du roy, grand-maître des cérémonies de France, gouverneur des ville et château de Loudun et pays du Loudunois, fils majeur de feu H. et P. seigneur messire Thomas de Dreux, marquis de Brézé, baron de Berrye, lieutenant-général des armées du roy, grand-maître des cérémonies de France, gouverneur de Loudun, des îles Sainte-Marguerite et Saint-Honorat de Lérins, et de feu Catherine-Angélique Chamillart, son épouse,

Et H. et P. Dame Louise-Jeanne-Marie de Courtarvel de Pézé, fille de feu messire Louis-René, marquis de Courtarvel et de Pézé, chevalier, seigneur de Courtarvel, la Lucazière, Pézé, Mont-Saint-Jean, Saint-Germain-de-Coulamer, Saint-Georges-le-Gaultier, Gesnes, Bérus, Trémigon, et autres lieux, ancien gouverneur de Rennes, et de Louise-Charlotte de Thibault de la Roche-Tullon, veuve en premières noces de Jean-Barthélemy de Montiffault. »

Témoins : M. Henri-Hubert de Courtarvel de Pézé, aumônier du roi, abbé de Saint-Jean-d'Angély et de Beaupré ;

Du consentement du roi Louis XV, de la Reine, du Dauphin, de la Dauphine, du duc de Bourgogne, Marie-

(1) M. Joachim de Dreux-Brézé était chevalier non profès de l'ordre de Malte ; il en sortit en 1754 à la mort de son frère aîné ; il servait à cette époque dans les armées du roi en qualité de maréchal de camp.

(2) Armoiries de la famille de Dreux-Brézé : *D'azur à un chevron d'or, accompagné en chef de deux roses d'argent et en pointe d'un soleil d'or.*

Adelaïde de France, Victoire, Sophie et Louise de France, filles du roi, et de la plupart des Princes et Princesses du sang.

Catherine de Dreux-Brézé, veuve de J.-B. Poussart, marquis du Vigean, sœur ; Louise-Elisabeth de la Chastre, veuve de Michel de Dreux, marquis de Brézé, belle-sœur ; Louis-Michel Chamillart, comte de la Suze, cousin-germain, grand maréchal de la Cour, lieutenant-général ; Louis de Durfort, comte de Lorges, lieutenant-général, cousin-germain ; Marie-Elisabeth Nicolaï, veuve de Charles, marquis de la Chastre ; Charles-Louis, marquis de la Chastre, comte de Nançay, brigadier des armées du roi ; Henriette-Charlotte-Marie de Courtarvel de Pézé, sœur ; Mgr Charles-Louis de Froulay, évêque du Mans, cousin ; J.-B. Paulin d'Aguesseau, sieur du Fresne ; Thérèse d'Aguesseau, veuve du comte de Chatelus ; Joseph-J.-B. de Coriolis, agent principal du clergé ; Louis-Pierre-Auguste de Beaulieu, chevalier et contrôleur de l'ordre de Saint-Louis.

M. le Marquis faisait figurer dans son contrat de mariage :

La terre et le marquisat de Brézé, estimés 15.000 livres de rente ;

La Baronnie de Berrye, 5000 livres de rente ;

Boismont, Silly, la Varenne et Miron, 3450 livres de rente ;

La terre de Somloire, 2700 livres de rente ;

Les fermes, près Richelieu, 1400 livres de rente ;

2 maisons à Paris, mobilier, tableaux de maîtres, rentes.

La charge de grand maître des cérémonies dont le brevet de retenue était de 200000 livres.

Il constituait à sa future un douaire de 6000 livres de rente.

Louise de Courtarvel apportait sa part de la succession de son père, évaluée 208345 livres. L'abbé de Pézé y ajoutait un don de 50000 livres.

Henriette-Charlotte-Marie de Courtarvel de Pézé, épousa,

en 1761, Michel-Pierre-François, comte d'Argouges, maréchal de camp, deuxième fils de Jérôme d'Argouges, conseiller d'Etat, lieutenant-général au Chatelet de Paris, et de Marie-Françoise-Adelaïde de Creil de Bournezeau.

La mort du marquis de Courtarvel, en 1759, nécessita de nouveaux partages entre ses deux sœurs. Louise l'aînée avait droit aux deux tiers des biens d'après la coutume du Maine ; la totalité des biens nobles, et la moitié des biens de roture, d'après la coutume de Bretagne. Elle eut dans sa part les propriétés de Pézé, de Trémigon en Bretagne, les seigneuries de Courtarvel, la Lucazière, Mondan, Combran, le Grand Timon, les bois de Pézé, de la Foutelaye, du Débat, des Brosses, les métairies de la Pithière, la Guyonnière, la Chalousière, la Buglaire, la Voie, la Rainerie, Yvray, la Goumellerie, les Alleux, la Turillère, la grande Mouardière, la Maisonnette, les moulins de la Lucazière, de Courtalvert, de la Bouffayère.

Mr et Mme d'Argouges eurent la seigneurie de Saint-Georges : Saint-Germain, le Mesnil, la Rogerie, la Lorie, la Voirie et Avrillerie à Mont-Saint-Jean ; le bois de la Moussaie, à Saint-Pierre-la-Cour.

La Marquise douairière de Courtarvel eut pour son douaire la jouissance du château de la Lucazière, la nue-propriété de Vaux, dont elle avait cédé la jouissance et l'usufruit à l'abbé de Pézé, en 1755.

M. Henri-Hubert de Courtarvel était né le 3 novembre 1679 de Charles de Courtarvel et de Marie-Madeleine de Vassan ; il avait été destiné de bonne heure à l'état ecclésiastique ; en 1693, il fut nommé chanoine de l'église du Mans, puis aumônier du roi, et abbé commendataire des abbayes de Saint-Jean-d'Angély, 1728, et de Beaupré, 1721 ; il mourut au Mans en 1771, à l'âge de 91 ans.

Il était usufruitier du domaine de Vaux, et il avait acheté un grand nombre de biens roturiers à Gesnes, qu'il avait vendus en 1766 à Mr et Mme d'Argouges. Sa grande fortune fut partagée par ses nièces. Vaux échut à M. d'Argouges, qui acheta en même temps la seigneurie d'Assé-le-Boisne des enfants de feu Louise-Madeleine de Courtarvel de Pézé, marquise de Mézières-en-Bresnes, dame des terres de l'Isle, Savary, Marteau, Motzmarasin, Assé-le-Boisne, Fyé et Linthe, épouse d'Armand-Mathurin, marquis de Vassé, vidame du Mans, baron de la Roche-Mabile, et de la Touche d'Avrigny, seigneur de la Cassine, de Vassé, d'Orthe, d'Azay-le-Rideau, et maréchal de camp.

M^r^ et Mme d'Argouges cédèrent à M^r^ le Marquis et Mme la Marquise de Dreux-Brézé, le 1er juillet 1774, la terre de Saint-Germain, composée de la Grande Métairie, la Sûhardière, Boufource, rente sur le moulin de Classé, la Rogerie, le Grand Mesnil, l'Eperonnière, la Barbière, la Lorie, la Voierie et Avrillerie, à Mont-Saint-Jean, les bois de la Moussaie, la rente sur la Droulinière.

A la mort de la marquise de Pézé, ils héritèrent des propriétés de Douillet, la Bouteveillère, la Foubayère, la Bouglière, le Bignon et le Cormier.

M. le comte d'Argouges mourut le 16 octobre 1786, ne laissant qu'une fille qui épousa, le 3 janvier 1785, le comte de la Trémoille, prince de Talmont, deuxième fils du duc de Laval, qui devait être une victime de la Révolution.

La princesse de Talmont n'eut qu'un fils, Léopold-Henri de la Trémoille, qui épousa Claire de Durfort de Duras et mourut en 1815 des fatigues de la campagne de Russie.

M^r^ le marquis et Mme la marquise de Dreux-Brézé laissèrent la jouissance du château de la Lucazière à Louise-Charlotte de Thibault de la Roche-Tullon, marquise de Courtarvel et de Pézé, qui prolongea son existence jusqu'en 1784.

Retenus à Paris par leurs charges à la Cour, et possédant un autre beau château à Brézé, ils ne firent que de courts séjours à la Lucazière ; mais ils s'occupèrent activement de leurs propriétés de Mont-Saint-Jean, et cherchèrent toutes les occasions pour les agrandir.

En 1766 ils achetèrent le fief et le domaine de la Bermondière, de la Buffardière et de Roulet de M. Alexis-Jean-Baptiste Le Maire, marquis de Courtemanche, époux de Adelaïde-Euphémie-Geneviève de Vassé, baronne de la Roche-Mabille, fille de Mathurin-Armand de Vassé, et de Louise-Madeleine de Courtarvel.

L'acquisition du fief de la Bermondière rendit le marquis de Brézé seigneur de toute la paroisse de Mont-Saint-Jean, moins Cordé. Nous avons vu plus haut qu'il acheta en 1774, du comte d'Argouges, la seigneurie du Mesnil qui s'étendait sur une grande partie de la paroisse.

Le 21 novembre 1769, il se rendait acquéreur des seigneuries de Roufrançois en Saint-Germain et de la Rochelle en Saint-Mars-du-Désert, mises en vente par Charles-Henri-Alexandre du Moncel et Marie-Françoise Groulard de Torcy, son épouse.

Il annexait à ses propriétés de Mont-Saint-Jean, les fermes ou bordages du Jardin, 1767, du Vaude-Joué, 1774, du Puits et du Grand-Tertre, 1778, de la Jacquetière et de la Glanchère, 1788.

En 1773 il faisait offrir par son bailli et procureur à la baronnie de Sillé un aveu de foi et hommage pour ses terres, fiefs et seigneuries :

1° Du Marquisat de Courtarvel ;
2° De la Motte-Pichart ;
3° De la Lucazière ;
4° Mondan ;
5° Combran ;
6° La Boutteveillère ;
7° Pézé ;
8° La Bermondière ;
9° Roufrançois.

M. le marquis de Brézé présenta son fils à l'école militaire de Paris ; son admission exigeait la production de ses titres de noblesse. Il fit dresser un inventaire en 222 articles sous ce titre :

« Etat par inventaire des titres de la famille de Courtarvel, fournis par Monsieur le Marquis et Madame la Marquise de Dreux-Brézé, pour faire preuves de noblesse de la Maison de Courtarvel, du nom de maditte Dame Marquise de Dreux ; iceux titres tous cotés et paraphés par premier et dernier de nous soussigné, licencié èz-loix, procureur fiscal du marquisat de Courtarvel, envoyés à Paris le trente et un may mil sept cent quatre-vingt, pour communication seulement. BACHELIER. »

C'est dans cet inventaire et dans les pièces originales du Chartrier de la Lucazière que nous avons puisé les éléments de cette étude.

M. Joachim de Dreux, chevalier, marquis de Brézé, baron de Berrye, seigneur de Pézé, la Lucazière, Courtarvel, Mondan, Saint-Germain, Roufrançois, la Rochelle, le Mesnil, la Bermondière, Sallaines, et autres lieux, lieutenant-général des armées du roi, grand maître des cérémonies de France, gouverneur de Loudun, mourut à Paris le 25 septembre 1781.

Madame la Marquise vint habiter au château de la Lucazière après la mort de sa mère, la marquise de Pézé, en 1784. Nous la voyons occupée, en 1786, à acheter des terrains pour faire l'avenue qui conduit du château de la Lucazière au bourg et qui porte encore le nom de Grand Chemin.

Elle mourut le 1er novembre 1789 après avoir été témoin des premiers actes de la Révolution.

Enfants du marquis Joachim de Dreux-Brézé et de Louise-Jeanne-Marie de Courtarvel :

1° Anne-Louise-Elisabeth de Dreux de Brézé, mariée à François-Charles, comte de Coucy ;

2° Catherine-Henriette de Dreux de Brézé, mariée à Antoine-Henri, marquis de Rachais ;

3° Charlotte-Marie de Dreux de Brézé, mariée à Henri-Michel-Scipion, comte de la Roche-Lambert ;

4° Marie-Marguerite de Dreux de Brézé, mariée à Pierre de Saint-Martial, baron d'Aurillac ;

5° Anne-Jacqueline de Dreux de Brézé, mariée à Pierre-Louis, comte d'Ourches ;

6° Henri-Evrard de Dreux, marquis de Brézé, né en 1766.

HENRI-EVRARD DE DREUX, MARQUIS DE BRÉZÉ

M. Henri-Evrard de Dreux-Brézé, né le 6 mars 1766, n'avait que quinze ans à la mort de son père, en 1781. Il fut placé sous la tutelle de sa mère ainsi que ses sœurs qui n'étaient pas mariées. Il eut pour subrogé-tuteur M. Charles-Daniel, comte de Talleyrand-Périgord.

En 1780, il entrait comme élève pensionnaire, cadet gentilhomme, à l'école royale militaire de Paris. Ses preuves de noblesse étaient reçues le 17 avril 1780 par M. d'Hozier, juge d'armes de la noblesse. Le 12 octobre 1781, il entrait comme sous-lieutenant au régiment de Royal-Cravattes ; il recevait le brevet de capitaine au même régiment en février 1786.

Il avait hérité de la charge de Grand-Maître des Cérémonies de France. Il eut à jouer un rôle très important à l'ouverture des États-Généraux, en 1789, pour régler les préséances des trois ordres. Envoyé par le roi pour sommer les députés du Tiers-État de se dissoudre et de sortir de la salle de leurs séances, il reçut cette célèbre apostrophe de Mirabeau : « Allez dire à votre maître que nous sommes ici par la volonté du peuple et que nous n'en sortirons que par la force des bayonnettes ». (23 juin 1789).

Après la mort de Louise de Courtarvel, marquise de Brézé,

1er novembre 1789, il y eut un partage provisoire des biens de sa succession.

M. le Marquis eut les deux tiers qui comprenaient Mont-Saint-Jean et Pézé. L'autre tiers resta indivis entre ses cinq sœurs.

Le 13 mars 1790 il épousa Adelaïde-Anne-Philippine de Custine, fille du général Adam-Philippe, comte de Custine.

Il resta à Paris dans son hôtel, rue du Regard, jusqu'au 21 juin 1791, jour de la fuite du roi Louis XVI. Il quitta alors furtivement Paris avec sa femme et prit la diligence de Tours pour se rendre à son château de la Lucazière, laissant ses domestiques chargés de conduire les bagages par une route plus directe.

Il arriva au Mans le 22 juin et descendit chez M. Juteau-Duhoux, accusateur public, avec qui il était en relations d'affaires (1).

La municipalité du Mans fut émue de la présence dans ses murs d'un personnage qui occupait une place si considérable à la Cour et prit la délibération suivante, 23 juin 1791 :

« Dans la séance où étaient présents M. Duhail, MM. Letourneur, Leclerc, Véron, Goupil, Le Vasseur, Varossum, Dubourg, officiers municipaux, et Chappe, procureur de la commune.

« Le Corps municipal ayant pris en délibération le réquisitoire du procureur de la commune tendant à ce que Monsieur de Dreux de Brézé, arrivé hier en cette ville, soit mis en état d'arrestation,

« Considérant que ledit sieur de Dreux de Brézé a donné, dans la séance royale de juin mil sept cent quatre-vingt-neuf, des preuves d'incivisme qui le rendent suspect ; que la place qu'il occupait à la Cour, l'a mis à portée d'avoir des

(1) Comme références pour cet article, nous indiquons l'ouvrage *Procédures et Documents de l'Affaire de M. le Marquis de Dreux-Brézé contre M. le Vicomte de Dreux-Brézé.* Vol. in-4°, chez Maulde, Paris 1898.

renseignements sur l'enlèvement du roi et de la famille royale, a arrêté que M. de Brézé sera mis sur le champ en état d'arrestation dans l'appartement qu'il occupe chez le sieur Juteau ; que MM. Levasseur et Letourneur, officiers municipaux, se transporteront sur le champ avec un détachement de la garde nationale pour effectuer la dite arrestation.

« Qu'il sera apposé sur les effets et papiers dudit sieur de Brézé des scellés par les commissaires, et que MM. Goupil et Varossum se transporteront à cette heure chez M. le président du Directoire du département, afin qu'il fasse assembler les membres du Directoire pour leur communiquer les mesures prises par la municipalité, et prier le Directoire d'expédier sur le champ un courrier à l'Assemblée Nationale, afin d'annoncer l'arrestation dudit sieur de Brézé et attendre les ordres de l'Assemblée Nationale à cet égard. »

Le 24 juin, vers minuit et demi, les officiers municipaux se rendaient au domicile de M. Juteau-Duhoux, accusateur public, et faisaient subir à M. le marquis de Dreux-Brézé un premier interrogatoire, auquel il répondit qu'il était parti de Paris mardi 22, à onze heures, qu'il était arrivé au Mans, mercredi 23, entre sept et huit heures du soir, qu'il allait à sa terre de la Lucazière, qu'il avait appris la fuite du roi, mais ne pouvait donner aucun renseignement à ce sujet.

Le 24 juin, le Directoire approuva les mesures prises par la municipalité en faisant valoir que M. de Brézé est attaché à la maison du roi en qualité de Grand-Maître des Cérémonies ; que sa place l'a mis à portée d'avoir connaissance des démarches et des manœuvres qui ont précédé et accompagné l'enlèvement du roi et de la famille royale ; qu'il a été pris par le département de Paris, le 21 de ce mois, un arrêté approuvé par l'Assemblée Nationale, lequel met aux arrêts toutes personnes qui demeurent aux Tuileries, et interdit la sortie de Paris à qui que ce soit ; que le départ précipité de M. de Brézé, dans le même jour, sans passeport et sans aucuns effets, paraît une contravention aux défenses faites par le département de Paris ; qu'il est d'autant plus intéressant de s'assurer de la personne de M. de Brézé et de connaître ses dispositions, que c'est cet officier qui, dès le 23 juin 1789, porta, de la part du roi, à l'Assemblée Nationale, les ordres de se dissoudre.

Sur l'ordre du Directoire, Emmanuel Le Tourneur et René Le Vasseur firent subir à M. de Brézé un second interrogatoire pour savoir pourquoi il avait pris le chemin de Paris à Tours, pour se rendre à la Lucazière près Sillé, à quel régiment il était attaché, et comment il était sorti de Paris. M. de Brézé répondit qu'il était sorti de chez lui à pied avec Madame de Brézé, qu'il était ensuite monté dans son cabriolet qui le conduisit à six lieues de là où il prit la poste de Tours, comme le moyen le plus expéditif pour se rendre à la Lucazière, qu'il était attaché comme capitaine réformé au régiment de Royal-Cavalerie, en garnison à Wissembourg, en Alsace, et qu'il n'avait pas l'intention de le rejoindre sans un ordre supérieur.

Le Directoire envoya ensuite la lettre suivante au président de l'Assemblée Nationale, 24 juin 1791 :

« Monsieur le Président,

La Municipalité du Mans, sur le vœu du peuple et par suite des précautions qu'elle prend pour la sûreté publique, a fait arrêter la nuit dernière M. Dreux de Brézé, maître des cérémonies du Roi, arrivé ici mercredi dernier, sans passeport et sans effets, ni domestiques. Sur la pétition de la Municipalité, nous avons arrêté qu'il demeurerait en état d'arrestation jusqu'à ce que l'Assemblée Nationale en ait décidé. Nous vous prions donc de présenter à l'Assemblée Nationale les motifs contenus dans notre arrêté auquel nous joignons expédition des deux procès-verbaux et d'une délibération de la municipalité du Mans. Nous n'avons au reste aucun motif particulier de suspecter les démarches de M. de Brézé, mais cette précaution nous a paru nécessaire pour prévenir la fermentation populaire. »

Un rapport fut fait le 26 juin par le représentant Livré, et l'arrestation de M. de Brézé ne fut pas maintenue. Il se rendit à la Lucazière et y resta jusqu'au 1er septembre 1791.

Le déchaînement des passions révolutionnaires, surtout à la suite de l'arrestation du roi Louis XVI à Varennes, ne permit bientôt plus aux membres de la noblesse de paraître en public. La plupart d'entr'eux prirent le parti d'émigrer à l'étranger, abandonnant leurs richesses pour sauver leur vie. Un bon nombre se dépouillèrent de leurs titres de noblesse et se cachèrent soit à Paris, soit en province. La Convention décréta la mort civile des émigrés et la confiscation de leurs biens, qui ne tardèrent pas à être vendus nationalement par les districts.

M. le marquis de Dreux-Brézé, dont le beau-père, le général de Custine, avait donné des gages à la Révolution (1), ne voulut pas émigrer, et préféra courir les risques d'une nouvelle arrestation comme suspect. Il espérait ainsi conserver ses propriétés. Il eut le bonheur de trouver dans Jacques-René Bachelier, notaire à Sillé, un régisseur fidèle et intègre, qui prit en mains la défense de ses intérêts. M. Bachelier s'était lancé avec ardeur dans le parti révolutionnaire et était devenu administrateur du département. C'était un légiste qui applaudissait aux décrets de l'Assemblée nationale contre les prêtres insermentés et contre les émigrés. Mais, par esprit de justice, il reconnaissait que ceux qui étaient portés à tort comme émigrés, ne devaient

(1) Le général de Custine fut accusé de trahison pour s'être laissé battre sur les bords du Rhin, traduit devant le tribunal révolutionnaire de Paris et envoyé à l'échafaud, le 23 août 1793.

pas subir les conséquences d'une loi à laquelle ils n'étaient pas assujettis. C'est ainsi qu'il empêcha autant qu'il put la vente des biens de M. de Brézé.

Celui-ci lui faisait parvenir, en 1792, des certificats de résidence à Paris, dans son hôtel rue du Regard, depuis le 1er septembre 1791 jusqu'au 10 septembre 1792, pour les faire enregistrer au district de Sillé.

Les biens dont M. Bachelier avait la régie, appartenaient par indivis à M. de Brézé et à ses sœurs. Les événements de la Révolution n'avaient pas permis d'en faire le partage définitif. Or, deux de ses beaux-frères avaient émigré, quoique leurs femmes fussent restées cachées en France.

M. Bachelier, fondé de pouvoirs de M. le Marquis et de ses sœurs, adressa une pétition aux Directoires de la Sarthe et de la Mayenne pour être continué dans la régie et l'administration des biens indivis entre les héritiers de leur mère, en faisant valoir les considérations suivantes : Que Louise-Jeanne-Marie de Courtarvel, veuve de Joachim Dreux, par son décès arrivé le 1er novembre 1789, avait laissé pour héritiers le citoyen Henri-Evrard Dreux et cinq filles, mariées aux sieurs Coucy, Rachais, Dourches, Daurillac et La Roche-Lambert.

Le citoyen Dreux, comme fils aîné, est fondé à la propriété des deux tiers, et l'autre tiers appartient à ses sœurs, pour chacune un quinzième du tout.

Le citoyen Dreux a fait preuve constante de résidence sur le territoire de la République, ainsi que toutes ses sœurs ; deux de ses beaux-frères seulement n'ont pas satisfait à la loi du séquestre en cette partie.

La loi de l'émigration prononce la peine de la mort civile contre ceux qu'elle atteint et par là même, rompt toutes les sociétés, affranchit les épouses des liens civils qui les unissaient, d'où il résulte que les filles de la citoyenne Dreux, non émigrées, sont autorisées à jouir de leurs biens propres, quand même leurs maris seraient émigrés.

7

Le citoyen Dreux, outre sa qualité d'héritier principal, a celle d'exécuteur testamentaire de sa mère, qui lui donne droit de percevoir tous les revenus de sa succession jusqu'au compte général.

Le 10 août 1792, le Directoire du département de la Sarthe fit droit, jusqu'à un certain point, à la pétition, et arrêta que le sieur Bachelier, en vertu de sa procuration, continuerait de gérer et administrer les biens dont il est question sous la surveillance, toutefois, du Directeur de la régie des biens nationaux et de ses préposés, et sous les conditions suivantes :

« 1° De toucher tous les revenus des dits biens et de verser entre les mains du receveur d'enregistrement du bureau de Sillé, les parts revenant aux cohéritiers du sieur Dreux-Brézé, qui, faute de produire des certificats de résidence en France, sont censés émigrés.

« 2° De ne régler et solder aucun compte avec led. sieur Dreux-Brézé, pour raison desdits biens indivis, sans y appeler le procureur sindic du district de Sillé afin de liquider les parts afférentes aux cohéritiers. »

M. et Mme de Brézé furent chargés, par le général de Custine, d'une mission en Angleterre, pour négociations et affaires de commerce avec un passeport délivré par le ministre des Affaires étrangères le 10 septembre 1792, et à leur retour allèrent à Mayence rendre compte au général.

Pendant ce temps, le bruit courut qu'ils avaient émigré, et les scellés furent apposés sur leur hôtel, rue du Regard.

Le 25 décembre 1792, M. de Brézé demanda la levée des scellés, en produisant ses pièces, et particulièrement un certificat du sieur Manuel, procureur de la commune de Paris, 30 novembre 1792, qui certifiait que le citoyen Dreux ou de Brézé était passé en Angleterre avec son épouse, fille du général Custine, muni d'un passeport délivré par le ministre des Affaires étrangères, pour négociations et affaires de commerce de la part du général son beau-père.

Le Directoire fit lever les scellés, en présence de Nicolas-Louis Juteau-Duhoux, procureur constitué par M. de Brézé.

M. de Brézé avait quitté Paris pour se rendre aux Andelys où nous le voyons du 6 septembre 1792 jusqu'au 7 février 1793. Il revint alors à Paris où il demeura du 7 février au 23 mai. Le 31 mai il était de retour aux Andelys qu'il ne quitta plus jusqu'à la fin de la Révolution (1).

Le 7 janvier 1793, M. de Brézé écrivait des Andelys à M. Bachelier :

« Ayant appris, quoique fort tard, que différents journaux avaient eu charitablement la bonté de me ranger dans la classe des émigrés, je fis prendre chez le procureur de la commune de Paris, des attestations du passeport qui m'avoit été délivré et qui ont dû vous parvenir » (2).

Le Directoire du département de la Mayenne inscrivit M. de Brézé sur la liste des émigrés, sous le prétexte qu'il n'avait justifié de sa résidence actuelle et habituelle sur le territoire de la République, et mit sous séquestre ses propriétés de Saint-Germain-de-Coulamer, Saint-Aubin et Saint-Mars-du-Désert. Tous ces biens furent vendus nationalement en 1794.

M. Bachelier usa de son ascendant sur le Directoire du département de la Sarthe, pour empêcher la vente des biens dans le district de Sillé et dans celui de Fresnay ; mais il ne put empêcher la vente du mobilier du château de la Lucazière. On réserva les matelas et les couvertures qui furent transportés au magasin du département par

(1) 31 mai 1793. Commune des Andelys, Eure.

« Certifions que le citoyen Henri Evrard Dreux, âgé de 27 ans, taille 5 pieds 6 pouces, cheveux chatains, yeux bleus, nez long, bouche moyenne, front ordinaire, visage long, demeurant actuellement en cette ville, dans une maison appartenant à la veuve Flavigny, a résidé dans la maison du citoyen Mengin, depuis le 6 septembre dernier jusqu'au 6 février. »

Déposé au district de Sillé, le 1er juillet 1793.

(2) Lettre à M. Bachelier.

ordre du District, le 23 frimaire an III. Les titres et papiers de famille furent déposés à la préfecture.

M. le marquis de Dreux-Brézé ne fut inquiété dans sa retraite des Andelys qu'au mois de septembre 1799. Il fut dénoncé au Ministre de la Police par la lettre suivante :

« Citoyen Ministre,

« Le ci-devant marquis de Dreux-Brézé, demeurant aux Andelys près Rouen, nous est signalé depuis longtemps comme l'agent le plus actif de la contre-révolution. Le nom de Dreux-Brézé se trouve porté plusieurs fois sur la liste des émigrés. On présume fortement que l'un d'eux lui est applicable. Dans ces circonstances, on propose au citoyen Ministre de décerner un mandat d'amener contre cet individu, et d'en charger l'un des agents qui se trouve actuellement à Rouen.

« Approuvé, FOUCHÉ. »

M. de Brézé fut arrêté le 6 septembre 1799 (20 fructidor an VII), et gardé à vue dans sa maison. Il n'eut pas de mal à se justifier auprès du Ministre de la Police qui ordonna de le laisser en liberté, le 18 septembre 1799.

La révolution du 18 brumaire an VIII, qui établissait Napoléon premier consul, termina l'ère des persécutions contre le clergé et la noblesse.

M. de Brézé demanda à être rayé de la liste des émigrés afin de pouvoir jouir de ses biens.

Un arrêt des Consuls du 1er floréal an VIII (21 avril 1800), le raya définitivement sous le nom de Dreux (Henri-Evrard), Eure.

Un autre arrêté du 15 floréal (5 mai) rectifia son nom, sur sa demande : Dreux-Brézé (Henry-Evrard).

L'article 2 portait : « Les citoyens, ci-dessus nommés,

rentreront dans la jouissance de leurs biens qui n'auraient pas été vendus, sans néanmoins prétendre aucune indemnité pour ceux qui se trouveraient aliénés. »

Le 18 mai 1800, le Ministère donnait l'ordre au Préfet de la Sarthe de restituer les biens mis sous séquestre.

M. de Brézé demanda la restitution des titres de famille déposés aux archives de la préfecture ou ailleurs.

Le Préfet prit un arrêté ainsi conçu :

« Considérant que les titres réclamés n'avaient été enlevés et remis aux administrations locales que par l'effet de l'inscription du pétitionnaire sur la liste des émigrés. . . . .

« Arrête que tous les titres et documents concernant directement les pétitionnaires et leurs biens et actuellement existant dans les archives de la préfecture, leur seront remis, sous un inventaire sommaire (18 avril 1801). »

M. le marquis de Dreux-Brézé rentra en possession du château et du domaine de Brézé, du château de la Lucazière et des terres de Mont-Saint-Jean, de Pézé et de Crissé, que le dévouement de M. Bachelier avait préservés de la vente pendant la Terreur. Il se plaisait à faire de fréquents séjours au milieu des habitants de Mont-Saint-Jean qu'il n'avait pas oubliés dans ses charités même au moment de sa plus grande détresse.

Au concordat, il se prêta au désir des paroissiens qui réclamaient l'exercice du culte catholique et la réintégration des prêtres dans l'église. L'église avait été vendue à René Besnard, qui voulut bien la céder purement et simplement à M. le Marquis, le 3 septembre 1802.

Le 6 février 1806, il en fit don à la commune de Mont-Saint-Jean.

« Je soussigné Henry-Evrard de Dreux-Brézé, demeurant à la Lucazière, commune de Mont-Saint-Jean, actuellement commune de Brézé, propriétaire de l'église de Mont-Saint-

Jean, en vertu de l'acquisition que j'en ai faite le 13 fructidor an X, devant Moriceau, notaire au Coudray-Macouard, du sieur René Besnard, auquel elle avait été vendue par l'administration centrale du département de la Sarthe, le 13 fructidor an IV.

« Cède, quitte et abandonne gratuitement, à la dite commune de Mont-Saint-Jean, la propriété et jouissance de la dite église sauf cependant la chapelle qui est à gauche du chœur et l'emplacement du banc de mes ancêtres dont je fais expresse réserve, tant pour moi que pour les miens, à perpétuité et sans qu'on puisse exiger de nous aucune rétribution pour la jouissance desdits objets.

« Le présent don ainsi fait sous la condition formelle et pour autant de temps que cette église sera consacrée à l'exercice du culte catholique, apostolique et romain, et desservie par un ministre approuvé par M. l'évêque du diocèse, et dans le cas où les cérémonies de cette religion cesseraient d'y être exercées, soit à défaut de prêtre, soit pour toute autre cause, la cession que j'en fais sera nulle de plein droit, et je rentrerai, ainsi que mes représentants, dans la propriété et jouissance de ladite église. »

Un décret impérial du 12 novembre 1806, autorisa l'acceptation de la donation.

« Au quartier impérial de Berlin, 12 novembre 1806.

« Napoléon, empereur des Français et roi d'Italie,

« Sur le rapport de notre Ministre de l'Intérieur, le Conseil d'État entendu ;

« Nous avons décrété et décrétons ce qui suit :

ARTICLE PREMIER

« Le Maire de la commune de Mont-Saint-Jean, département de la Sarthe, est autorisé à accepter, au nom de cette commune, la donation que lui a faite le sieur Henry-Evrard de Dreux-Brézé, de l'église du lieu, aux conditions énoncées dans l'acte de donation du 6 février dernier, dont extrait sera joint au présent décret.

Article 2

« Notre Ministre de l'Intérieur est chargé de l'exécution du présent décret.

« Signé : Napoléon.

« Par l'Empereur, le secrétaire d'État,

« Signé : Hugues Marest » (1).

M. le marquis de Dreux-Brézé fut nommé membre du Conseil général de la Sarthe, en 1800 ; il conserva ces fonctions jusqu'en 1816 ; mais il se tint à l'écart pendant toute la durée de l'Empire. La Restauration lui fournit l'occasion de reprendre sa place à la Cour comme grand maître des cérémonies.

Il réclama aussi le grade de maréchal de camp, en faisant valoir qu'il était entré au service comme sous-lieutenant au régiment de Royal-Cravattes, en 1781, et nommé capitaine en 1786.

Il fut nommé pair de France en 1814.

Il mourut à Paris en 1829 ; son corps fut enterré à Brézé ; comme suprême témoignage de son affection pour la paroisse de Mont-Saint-Jean, il avait demandé que son cœur fut déposé dans l'église. Une inscription gravée sur

(1) Par acte du 17 février 1807, devant Mocquereau, notaire à Sillé, le maire de Mont-Saint-Jean accepta la donation de l'église à la commune par M. le Marquis de Dreux-Brézé, en vertu du décret impérial.

une plaque de marbre noir, rappelle encore aujourd'hui son souvenir.

ICI EST LE CŒUR DE TRÈS-NOBLE
ET TRÈS-ILLUSTRE PAIR DE FRANCE,
SA SEIGNEURIE HENRY-EVRARD DE DREUX,
MARQUIS DE BRÉZÉ, BARON DE BERRYE,
GRAND-MAITRE DES CÉRÉMONIES DE FRANCE,
MARÉCHAL DE CAMP,
CHEVALIER DES ORDRES DU ROI.
NÉ A PARIS LE 6 MARS 1766,
DÉCÉDÉ EN CETTE VILLE LE 27 JANVIER 1829.
REQUIESCAT IN PACE.

Il laissait, de Adélaïde-Anne-Philippine de Custine (1), quatre enfants :

1° Clémentine-Philippine-Henriette de Dreux-Brézé, née le 16 avril 1791, mariée au marquis de Monteynard, le 18 août 1810, morte le 26 août 1878 ;

2° Scipion de Dreux-Brézé, marquis de Brézé, né en 1793, dernier grand-maître des cérémonies, pair de France, mari de Mlle de Montault, mort en 1845, sans enfants ;

3° Emmanuel-Joachim-Marie de Dreux-Brézé, né en 1797, marié en 1824 à Mlle Charlotte de Boisgelin, mort en 1848 ;

4° Pierre-Simon-Louis-Marie de Dreux-Brézé, né le 2 juin 1811, évêque de Moulins, 1849, mort le 5 janvier 1893.

Emmanuel-Joachim de Dreux-Brézé donna sa démission de capitaine d'état-major en 1830, devint marquis de Brézé à la mort de son frère Scipion, en 1845. Il avait reçu en partage le château de la Lucazière et les propriétés de Mont-

(1) Madame la Marquise de Dreux-Brézé, née de Custine, mourut dans un âge avancé, en 1863, chez son fils, Mgr de Dreux-Brézé, évêque de Moulins. Mgr Pie, évêque de Poitiers, prononça son éloge funèbre.

GÉNÉALOGIE DE LA FAMILLE DE DREUX-BRÉZÉ

Henri-Evrard de DREUX, marquis de BRÉZÉ,
marié en 1790 à Adelaïde-Philippine de CUSTINE.

1° Clémentine de DREUX-BRÉZÉ. 1810,
Marquis de MONTEYNARD.

2° Scipion, marquis de BRÉZÉ. 1810;
Aglaé de MONTAULT.

3° Emmanuel de DREUX-BRÉZÉ. 1824,
Charlotte de BOISGELIN.

4° Pierre de DREUX-BRÉZÉ,
évêque de Moulins.

Enfants de Scipion :

1° Henri-Simon, marquis de BRÉZÉ, 1826-1904. 1850,
Mlle des BRAVARDS-DEISSAT-DUPRAT, † 1870.

Enfants d'Emmanuel :

2° Eugène-Philippe, vicomte de DREUX-BRÉZÉ. 1856,
Berthe de la FERRONNAYS.

3° Edouard de DREUX-BRÉZÉ. 1882,
Florence de BERNIS.

Enfants d'Henri-Simon :

1° Pierre de DREUX, marquis de BRÉZÉ. 1878,
Aline de GRAMMONT.

2° Etienne de DREUX-BRÉZÉ. 1887,
Mathilde de GOURCUFF.

Enfants d'Eugène-Philippe :

1° Simonne de DREUX-BRÉZÉ. 1879,
Honoré, vicomte REILLE.

2° Robert-Louis, Vte de DREUX-BRÉZÉ. 1888.
1° Aurore-Marie GARDYS DE LA CHAPELLE.
2° Anne-Marie GINOUX DE FERMON.

Saint-Jean. Il hérita de la terre et du titre de marquis de Brézé. Il eut pour enfants :

1° Henri-Simon-Charles de Dreux-Brézé, marquis de Brézé, marié en 1850 à Mlle des Bravards Deissat-Duprat ;

2° Eugène-Philippe-Joseph de Dreux-Brézé, vicomte de Dreux-Brézé, né en 1827, marié en 1856 à Mlle Berthe de la Ferronnays, mort en 1894, propriétaire de la Lucazière ;

3° Edouard-Emmanuel de Dreux-Brézé, né en 1841, marié en 1882 à Mlle de Bernis.

De M. Eugène de Dreux-Brézé et de Mlle Berthe de la Ferronnays sont issus :

1° Mlle Simonne de Dreux-Brézé, mariée en 1879 à M. le vicomte Reille ;

2° M. Robert-Louis-Marie-Auguste, vicomte de Dreux-Brézé, propriétaire actuel de la Lucazière.

FIEFS DE MONT-SAINT-JEAN

I. — LE MESNIL

La seigneurie du Mesnil étendait sa juridiction féodale sur une grande partie de la paroisse de Mont-Saint-Jean et sur celle de Saint-Germain de Coulamer. Le domaine ne consistait que dans la métairie du Grand-Mesnil, dont la maison manable et la motte étaient entourées de douves, indices de l'antiquité de ce fief.

Le seigneur du Mesnil relevait nûment à foi et hommage lige du baron de Sillé pour son hébergement et sa motte, à charge de 40 jours et 40 nuits de garde au château de Sillé.

Le fief, domaine et seigneurie, relevait à foi et hommage simple du seigneur de Chauffour, en Crissé, qui reportait à

Sillé par les fiefs de Saint-Berthevin, avec justice foncière (1).

Le premier seigneur connu est Jean du Mesnil, qui était en même temps seigneur de la Droulinière, à Douillet, 1409 (2).

Son fils Charles du Mesnil, écuyer, fait aveu à Sillé, le 22 septembre 1413, pour sa motte et son hébergement du Mesnil (3).

Dès 1457, le Mesnil et la Droulinière sont au pouvoir de Guillaume Hellier, probablement gendre de Charles du Mesnil.

Guillaume Hellier faisait un dernier aveu à Sillé, le 7 juin 1497.

« De vous noble et puissant seigneur, messire Louis de Beauvau, baron de Sillé et seigneur de Pimpéan, je, Guil-

(1) La seigneurie de Chauffour relevait de Sillé, et pour ses fiefs de Mont-Saint-Jean des fiefs de Saint-Berthevin.

Seigneurs connus de Chauffour :

Etienne Hatry d'Aligné ou Aligny, écuyer, possédait outre Chauffour, Saint-Marceau, Classé, la Rochelle, Combran, les Pins, 1453-1494.

Jean Hatry d'Aligné, son fils, mari de Marguerite d'Avaugours, 1494-1502.

Jacquine Hatry, femme de Jean de Vassé.

Jean Rabault, seigneur d'Ivoy, acquéreur, 1510-1513.

François Rabault, seigneur d'Ivoy, Chauffour et Chenay, 1523-1538, mari de Marguerite de Fontenailles.

Antoine Rabault, seigneur de Chauffour, 1547.

Etienne de Montreuil, seigneur de la Mesnerie, 1576.

René de Moré, seigneur de Bresteau, Chauffour. — Françoise de Bois-Simon.

François de Moré, marié en 1608 à Claude le Chevrier.

René de Moré, marié en 1635 à Elisabeth Mesland.

Louis-Charles de Moré, 1690. — Louise Chesnay.

Paul-Alexandre de Moré, 1711. — Marie Thion de la Verrouillère.

Jean-François de Bricqueville comte de la Luzerne. — Marie-Madeleine Cholet.

François-Philbert, comte de Bricqueville et la Luzerne. — Marguerite de Savary de Brèves.

Armand de Hardouin, comte de la Girouardière. — Marie-Françoise de Bricqueville de la Luzerne, 1766-1782.

(2) Aveu de Jean de Montjean. — Archives de la Sarthe. E. 9/2.

(3) Archives de la Lucazière. Toutes les pièces que nous citons se trouvent au Chartrier.

laume Hellier, écuyer, seigneur de la Droulinière et du Mesnil, tiens et advoue tenir à foy et hommage lige, au regard de votre baronnie de Sillé, les choses cy-après déclarées.

« C'est asçavoir mon hébergement, maisons et motte du Mesnil, clos à doubles douves et foussés avecques le circuit et un petit estang audedans d'iceluy comme lesd. foussés et douves l'emportent et divisent, touchant de toutes parts à mon domaine dud. lieu du Mesnil, que je tiens du seigneur de Chauffour, qui les tient de vous, avec justice foncière selon la coutume du pays et l'usaige de la baronnie de Mayenne, audedans de laquelle ces choses sont assises en vos fiefs de Sainct-Berthevin, et oultre à cause de mond. lieu du Mesnil j'ai droict de mettre mestiviers pour cueillir les dismes de tous blés croissants en mon fief et domaine du Mesnil, pour les assembler en ma grange de laquelle disme le chapitre de l'église du Mans et le prieur de Mont-Sainct-Jehan ont les grains par moitié, et les pailles et bougrains m'appartiennent, et tout ainsi que mes prédécesseurs et moy en ont fait et usé en temps passé, et pour lesquelles choses je vous dois quarante jours et quarante nuits de garde en vostre chasteau de Sillé à vos despens une fois en ma vie, à cheval et armé suffisamment ainsi que mes prédécesseurs ont accoustumé de faire. »

Après la mort de Guillaume Hellier, le Mesnil revint à Guillemette du Mesnil, qui le transmit à Jean de Courcioulx.

Jacques de Courcioulx rend aveu à Sillé le 6 février 1565 pour sa motte, maisons, granges, étables, droit de fuie à pigeons, du Mesnil à lui advenu de la succession de Jean de Courcioulx, son père, héritier de Guillemette du Mesnil.

En 1580, François de Courcioulx, fils de Jacques, fait aveu une dernière fois pour le Mesnil.

Il le vendit ensuite à Guillaume Lelarge et à Jeanne Daugeart, son épouse.

Après la mort de ceux-ci, Guillaume Lelarge, licencié en

droit, hérita du Mesnil, mais il ne tarda pas à mourir; sa succession fut recueillie par son frère, Louis Lelarge, sieur de la Bouglière, qui faisait aveu à Sillé le 9 février 1595, pour le Mesnil, dans les mêmes termes que ses prédécesseurs.

En 1624, Antoinette de Bonvoust, femme séparée de biens de Louis Lelarge, dame de la Bouglière, faisait aveu à Chauffour avec dénombrement des sujets de son fief (1).

Elle transmit le Mesnil à sa fille Marie Lelarge, épouse de Pierre Leboucher, sieur de Groigné, conseiller au grenier à sel de Fresnay. Celui-ci était veuf en 1653 et mourut vers 1660.

Il laissait cinq enfants : François Leboucher l'aîné, sieur du Mesnil ; Jacques Leboucher, sieur de Groigné ; Jacquine Leboucher, femme d'Yves Moreau, sieur de la Denisière ; Elisabeth Leboucher, femme de Pierre Leboucher, et Louise Leboucher, femme de Jean Brisset, sieur des Hardières.

François Leboucher l'aîné se rendit coupable d'un assassinat en 1654 et disparut du pays.

Jacques Leboucher, son frère, Yves Moreau, son beau-frère et ses sœurs jugeant leur aîné mort, au bout de sept ans, vendirent, en 1667, le Mesnil à M. René de Courtarvel, marquis de Pézé, qui avait acquis une rente foncière de 510 livres fondée en 1633. Tout-à-coup, en 1670, il se produisit un coup de théâtre qui vint jeter l'émoi dans la famille Leboucher. François Leboucher, qui avait profité d'une lettre de rémission du roi, reparut dans le pays et réclama

(1) Le Mesnil comprenait dans son ressort les terres suivantes :
La Rogerie, les Fougerais, le Fresne, Belessart, le Bignon, le Petit-Timon, la Belottière, la Cailletière, Plaisance, le Plessis-Bouffay, Maubusson, la Biottière, la Hineudière ; la Perdrillère, la Mololerie, Coulamer, à Saint-Germain. Le moulin du Mesnil était au-dessous de celui de Courtalvert, et possédait un bian pour amener l'eau sur la roue. Tous les sujets du fief du Mesnil étaient astreints à faire moudre leurs grains à ce moulin, qui fut détruit lorsque M. de Courtarvel acquit les droits féodaux.

sa part d'héritage de la succession de Pierre Leboucher et de Marie Lelarge ; comme aîné il avait droit aux deux tiers ; il actionna ses frères et sœurs devant la cour de Fresnay qui fit droit à ses réclamations et lui adjugea une somme de 9.000 livres pour les revenus et la jouissance de ses biens pendant son absence.

Il attaqua ensuite le marquis de Pézé qui avait acquis le Mesnil ; une sentence du siège de Beaumont adjugea à François les fruits et la jouissance du lieu depuis son retour. M. de Pézé actionna alors les vendeurs devant les juridictions ordinaires, il s'en suivit un procès qui dura vingt-cinq ans avec des frais énormes.

Après la mort de François Leboucher, en 1688, sa veuve, Marie Berthé, s'obstina à revendiquer la propriété du Mesnil et fit aveu à Sillé, au nom de ses enfants mineurs.

Elle reprit le procès contre M. René de Courtarvel devant la juridiction de Mayenne ; le tribunal ordonna que le Mesnil fut mis en adjudication pour payer les frais du procès.

M. le marquis de Courtarvel l'acquit définitivement le 31 mars 1694. Depuis ce temps la seigneurie du Mesnil fut annexée au marquisat de Courtarvel.

II. — LA BERMONDIÈRE

La Bermondière était un fief et une seigneurie qui s'étendait sur une grande partie de la paroisse et qui comprenait dans son ressort la Grande et la Petite Bermondière, le bois des Boulais, le Pin-Hallay et le Pin-Classé, la Chevrollière, la Buffardière, la Jeudière, Cordé avec ses dépendances, Roulet, la Villaine, la Ferrière, la Fiarderie, le Ferret. Des terres et des maisons à Saint-Rémy, à Sillé et à Saint-Georges en relevaient censivement.

Le domaine ne comprenait que la métairie de la Grande Bermondière. Une motte féodale et un hébergement entourés de fossés et de douves étaient des vestiges de l'ancienne importance de la seigneurie.

Le fief de la Bermondière était double, comme l'indiquent les aveux ; la motte et le manoir d'où relevait la partie du fief de Cordé, comprise entre le ruisseau et la forêt, devait foi et hommage lige à la baronnie de Sillé ; le fonds du domaine et des terres situées entre le ruisseau des Defais et l'Orthe, formaient un fief relevant à foi et hommage simple de la baronnie de Sillé par les fiefs de Saint-Berthevin, avec justice foncière.

Le premier seigneur connu de la Bermondière est Pierre de Courbusain, qui faisait aveu à Sillé en 1385. Il était mort en 1400 et sa fille unique Marie était sous la tutelle de Jean de Beauçay, qui fit sa déclaration à Sillé le 4 août de la même année.

Le 3 novembre 1401, Jean de Beauçay était remplacé par Guillaume Tragin, seigneur de Douillet, qui s'engagea à payer le rachat à la baronnie de Sillé au nom de Marie de Courbusain, le 21 avril 1403. Sur ces entrefaites Marie de Courbusain vint à mourir ainsi que Guillaume Tragin, qui devait être son oncle et son héritier. La Bermondière passa à Pierre Ferquin, fils de Colas Ferquin, seigneur de Saint-Georges-le-Gaultier, qui avait épousé Jeanne Tragin, fille unique de Guillaume Tragin.

Les deux seigneuries de Douillet et de la Bermondière furent unies pendant deux siècles.

Le 1er février 1404, Pierre Ferquin fait aveu à Sillé pour son domaine et dépendances de la Bermondière, et il spécifie qu'il en est seigneur à cause de sa femme ; en 1406 il fait aveu pour sa motte.

Après le mariage de Jean de Montjean, avec Anne de Sillé, fille de Guillaume de Sillé, il fut obligé de renouveler ses aveux.

21 juin 1414. — « De vous très noble et puissant seigneur messire Jehan, seigneur de Montejehan, chevalier, seigneur

de Sillé à cause de vostre femme, je Pierre Ferrequin, tiens et advoue tenir à foy et hommage simple à cause de ma femme, au regard de vos fiefs de Sainct-Berthevin, c'est asçavoir ma terre de la Bermondière dont la déclaration sensuyt.

Et premièrement du fonds des domaines, c'est mon domaine de la Bermondière, hébergement, terres, prés, bois, lequel contient cent journaux de terre arable, cinquante journaux de bois, vingt-deux journées de pré, lesquelles choses sont contigües et adjacentes, excepté six hommées de prés sur la rivière d'Orthe.

Sensuyt la déclaration des rentes, devoir et servitudes dues à mond. fief.

1. Jehan des Mézerettes, pour la Jeudière et la Bufardière.

2. Jehan du Hallay, pour le Pin.

3. Ambroise de Loré, foi et hommage simple, et un cheval de service abourné à 50 sols à muance d'hommes, à cause de sa terre de Corday et ses métairies.

Sensuit ceux qui me doivent corvées pour faner dans mes prés et conduire mes foins à mon habergement ».

Du 13 juin 1415. — « De Vous ... Je Pierre Ferrequin tiens et advoue tenir à foy et hommage lige, à cause de ma femme, ma motte ancienne de la Bermondière, avec partie de mon fief dud. lieu, au regard de vostre baronnie de Sillé, desquelles choses la déclaration s'ensuyt :

Premièrement ma motte ancienne dud. lieu de la Bermondière toute clouse à douves anciennes.

Item sensuyt mon féage : 1° mes hommes de foy.

Ambroys de Loré, mon homme de foy simple pour son hébergement, terres, fiefs et domaines de Corday, la Fontaine, Roulet, la Chaterie, l'Hommeau, les bois de Corday, 500 journaux.

Les chanoines de Sillé pour une métairie sise à Saint-Rémy ».

Pierre I Ferquin, seigneur de Douillet et de la Bermondière, laissait deux enfants : Jean I, et Marguerite Ferquin, qui eut dans ses partages une rente de 16 boisseaux de blé et de 16 boisseaux de seigle sur le Pin ; elle vendit cette rente à Jean du Pin qui la revendit ensuite à René du Hallay, en 1454.

Jean I Ferquin, seigneur de Douillet et de la Bermondière, épousa Jeanne de Brée, 1426, d'où :

Jean II Ferquin, qui épousa, le 13 juin 1456, Marguerite de Chevigné. Il fit aveu à Sillé le 23 octobre 1476.

Philippe Ferquin était seigneur de Douillet et de la Bermondière en 1499. Il avait épousé Rose Bourel.

Antoine Ferquin, seigneur de la Bermondière en 1529, épousa : 1° Renée d'Orcisses, morte en 1543 ; 2° Françoise de Montesson, en 1555. Celle-ci, veuve en 1574, faisait aveu de foi et hommage lige à la baronnie de Sillé, au nom de ses enfants mineurs.

En 1580, Me Jacques de Saint-Rémy, seigneur de Fyé, curateur des enfants mineurs d'Antoine Ferquin et de Françoise de Montesson, à présent veuve de Charles d'Orvaulx, seigneur de Courtemanche, faisait aveu à Sillé pour Douillet et la Bermondière. François Ferquin mourut jeune. Les propriétés de la famille furent partagées par ses sœurs : l'aînée, Rose Ferquin, mariée à Guillaume de Montesson, seigneur de Saint-Aubin, eut la seigneurie de Douillet.

Jeanne Ferquin, mariée en 1560, à Jean Lemaire de Millières, seigneur de la Goupillère, à Rouez, eut le domaine et la seigneurie de la Bermondière.

Jean Lemaire, fils des précédents, chevalier de Saint-Michel, seigneur de Millières, la Goupillère, Courlettres, la Bermondière, épousa Madeleine Rousseau.

Il vendit la Bermondière à réméré pour neuf ans, le 26 septembre 1626, à son frère René Lemaire, chevalier, seigneur de Courtemanche. Il en fit le retrait lignager le

30 avril 1635, puis il vendit définitivement la Bermondière en 1642.

René Lemaire, seigneur de Courtemanche, capitaine de marine, gentilhomme ordinaire de la chambre du roi, gouverneur du duché de Mayence, 1631, acheta la terre de Cordouan, 1669 ; il avait épousé Françoise le Tonnellier.

René Lemaire, mort en 1674, laissait quatre enfants mineurs : Alexis, qui devint seigneur de Courtemanche, Anne, Françoise et Thérèse Lemaire. Cette dernière hérita de la Bermondière et de Roulet ; elle se maria : 1° à Louis de Vallée, seigneur de Fyé et du Chevain, mort en 1709 ; 2° le 26 avril 1720, à Jacques du Bois-des-Cours, chevalier, seigneur de Saint-Cosme-de-Vair, veuf de Marie-Elisabeth de Bazin de Fresne.

Son fils, Guillaume de Vallée, vicomte de Champfleurs et de Fyé, avait épousé, en 1713, Marguerite de Courtarvel de Pézé, fille de Charles de Courtarvel et de Marie-Madeleine de Vassan. Il mourut sans enfants. La Bermondière revint par héritage à son cousin-germain Alexis-André-Jacques Lemaire, seigneur de Courtemanche, capitaine de cavalerie au régiment de Royal-Piémont, qui mourut en 1765.

Son fils Alexis-Jean-Baptiste Lemaire, marquis de Courte manche, vendit la Bermondière, le 29 mars 1766, à Me Joachim de Dreux-Brézé, pour 35.000 livres.

III. — CORDÉ

Le fief de Cordé comprenait la partie orientale de la paroisse limitée par une ligne allant de la Ferrière à la Buffardière.

Le manoir de la Cour de Cordé, situé sur les bords du ruisseau des Defays, se compose d'un corps de logis à un étage avec fenêtres à croix de pierre ; sur le trumeau de la cheminée on voit les armes de Loré, ce qui indique qu'il fut bâti au XVe siècle.

Le seigneur de Cordé relevait nûment de Sillé à foi et hommage lige pour son hébergement entouré de douves.

La seigneurie et le domaine de Cordé relevaient de la Bermondière qui reportait à Sillé.

Le domaine comprenait le moulin de Cordé, les métairies de la Fontaine, aujourd'hui la Touanerie, de Roulet, la Chaterie, l'Hommeau, et de cinq cents journaux de bois adjacents à la forêt de Bercon. La juridiction censive du fief s'étendait sur la Ferrière, la Villaine, la Fiarderie, la Jeudière, la Buffardière et les Bruyères de Cordé.

Les seigneurs de Cordé avaient fondé une prestimonie en l'honneur de Notre-Dame de Pitié auprès de leur manoir, et l'avaient dotée du bordage du Petit-Cordé, à Montreuil. La chapelle existe encore transformée en grange.

Le premier seigneur de Cordé, dont les titres fassent mention, est Ambroise de Loré, en 1413. Il devait avoir alors vingt ans et guerroyait déjà, en qualité d'écuyer, contre les Anglais, qui occupaient le Maine. Quelque temps après, Ambroise de Loré était nommé capitaine de Fresnay, puis de Sainte-Suzanne, et enfin de Saint-Cénery, où il accomplit des faits d'armes et des prouesses qui ont immortalisé le vaillant Manceau, avant qu'il n'allât batailler sur un plus grand théâtre. Compagnon d'armes de la Bienheureuse Jeanne d'Arc, dans les batailles qu'elle livra aux Anglais, il fut plus tard promu aux éminentes fonctions de prévot de Paris, où il mourut en 1446.

Nous trouvons dans l'aveu de Pierre Ferquin pour la Bermondière, en 1413 : « Item Ambroys de Loré est mon homme de foi et hommage simple et tenu à quatre deniers de devoir et un cheval de service abourné à cinquante sols à muance d'hommes, pour raison de sa terre de Corday, tant en fief que en domaine qu'il a entre la rivière d'Orthe et le ruissel qui descend du moulin de Quincampoix au moulin de Cordé, comme le ruissel le départit.

En 1415, dans un autre aveu par Pierre Ferquin pour sa motte de la Bermondière, relevant directement de Sillé, nous trouvons parmi les sujets du fief :

« 1° Ambroys de Loré mon homme de foi simple à raison de son habergement, terre, fief et domaine de Corday, lesquels domaines contiennent : les métairies de la Fontaine, du Roulet, de la Chaterie, de l'Hommel, au-dessous du ruissel en l'ombre des bois ; les bois de Corday, contenant cinq cents journaux de terre.

Le fief de Corday vaut chacun an en revenu cent sols tournois, quatorze chiefs de poullailles et vingt-deux boisseaux d'avoine, et en iceluy a sept hommes de foy et m'en est tenu faire chacun an au jour de l'Angevine quatre deniers et un cheval de service à muance d'hommes ».

Ambroise de Loré, fils du célèbre capitaine, fut seigneur de Cordé et de Bures, de 1446 à 1510 ; il fit reconstruire le manoir de la Cour de Cordé. Il avait des prétentions à la seigneurie de la paroisse de Mont-Saint-Jean, et entra à ce sujet en contestation avec Foulques de Courtarvel. En 1466, à l'occasion d'une sépulture, celui-ci avait fait apposer dans l'église une litre et ses armoiries. Ambroise de Loré et son ami Robert de Fontenelles brisèrent la litre et les armoiries et réussirent à gagner à leur cause Antoine de Beauvau, baron de Sillé, qui prétendait lui aussi être fondateur de l'église ou au moins du prieuré. On convint de s'en rapporter à la décision de six arbitres choisis de part et d'autre pour examiner le cas.

A la sépulture de Foulques, en 1502, Ambroise de Loré renouvela son opposition et après plusieurs actes de procédures, il finit par se désister en 1506.

Ambroise de Loré, fils du précédent, hérita de Cordé et de Bures, 1510-1520.

Marguerite de Loré, fille aînée d'Ambroise, hérita de

Cordé et de Bures ; elle était mariée à Samson d'Hauteville, fils de Jean d'Hauteville et de Jacqueline du Bellay.

Dans un registre de la seigneurie d'Orthe, nous trouvons la mention suivante : « N. H. Samson d'Hauteville, chevalier, seigneur de Corday à cause de sa femme, fille de Loré, homme de foi lige de René de Montjean, baron de Sillé, à cause de sa Cour et maison de Corday, avec le circuit et appartenances.

Le seigneur de Corday, homme de foi simple du baron de Sillé à cause de ses fiefs de Bures et des appartenances de la terre de Corday ».

Samson d'Hauteville et Marguerite de Loré qui avaient vendu leur terre patrimoniale de Loré en 1536, durent vendre, vers la même époque, leur domaine de Cordé, qui fut acheté par la famille de Bouillé.

Françoise de Bouillé, veuve de Sébastien Lemarié ou Lemaire en était propriétaire en 1563, comme le porte son testament.

Combien de temps la famille Lemarié posséda-t-elle Cordé ? Nous n'avons pu le savoir. Vers 1660 Cordé était acheté par René de Jajollet, écuyer, baron de Larray, conseiller du roi, receveur général des finances de Caen, qui avait acquis aux environs Bures, la Touchette, Courtoussaint, etc. Il en faisait aveu en 1671.

Le baron de Larray laissa une succession obérée par de nombreuses dettes. Ses créanciers firent saisir ses propriétés qui furent vendues en 1709.

M. Louis-René, marquis de Courtarvel, acheta Cordé et Bures. Mais la princesse de Conti, baronne de Sillé, fit le retrait féodal de ces deux terres et les annexa à sa baronnie.

Les Bruyères de Cordé furent cédées à M. de Courtarvel.

IV. — GRAND-THIMONT

Le Grand-Thimont était un fief et un domaine relevant de Chauffour ; il comprenait le Grand-Thimont, Guelton, Grillemont, et partie de la Belottière, de la Cailletière, et des Fougerais.

Les premiers seigneurs du Grand-Thimont étaient seigneurs du Mesnil. Après la mort de Charles du Mesnil, le Grand-Thimont fut démembré et donné en partage à Michel Hellier, frère de Guillaume Hellier, seigneur du Ménil et de la Droulinière, 1457. Nous perdons ensuite la trace de ses propriétaires pendant un siècle. André de Maulny apparaît à la fin du XVIe siècle.

En 1625, 28 juillet, Louise de Maulny, fille unique et héritière de feu André de Maulny, femme séparée de biens de Jean Guyon le jeune, sieur de Bassecourt, fait aveu à Claude Le Chevrier, veuve de François de Moré, écuyer, seigneur de Chauffour, Bresteau, la Ségussonnière, pour son fief du Grand-Thimont, dont elle fait le dénombrement.

« Item en la grange de mondit lieu de Thimont se tire et amasse une dixmerie dépendante du prieuré de Mont-Saint-Jean par le droit que j'ai de tirer et amasser la dîmerie en ma grange, faire battre et nettoyer les grains par mon métayer, au métivage du cinquième boisseau, et oultre ce, m'appartiennent les pailles et bougrains, comme étant lad. dîme inféodée audit lieu. »

Louise de Maulny était propriétaire du Grand-Thimont, de la Rogerie et de la Barbière.

Ses héritiers, qui paraissent être Jacques Sorrière et Vannier, vendirent à réméré le Grand-Thimont et la Rogerie à Jacques Rivault, sieur de Beauvais, avocat à Sillé, le 6 mars 1648. La vente devint définitive en 1653, 5 juillet.

Son fils François Rivault, sieur de Beauvais, vendit le 18 juillet 1710 pour un bail à rente de M. Louis-René de Courtarvel, la Rogerie, le Grand-Thimont, et les dîmes qui en dépendaient.

V. — COMBRAN

Le fief de Combran était une petite seigneurie qui étendait

sa juridiction sur la Petite-Chalousière, la Moardière, les Champs, la Morinière, la Chantelière, le Tertre, et relevait de la baronnie de Sillé-le-Guillaume. Le domaine consistait en la métairie du Haut-Combran, et dans le moulin de Combran, qui fut acheté par les seigneurs de la Lucazière.

Le premier seigneur connu de Combran est Jean du Fresne, seigneur du Plessis-Janvier, qui le vendit à René du Hallay, écuyer, seigneur des Hayes et de la Roche de Souligné.

Celui-ci, le 31 août 1454, vendit Combran et le Pin-Hallay à Etienne Hâtry d'Aligné, écuyer, seigneur de Chauffour et de Saint-Marceau, pour la somme de 690 livres tournois.

Le 28 juin 1468, Etienne d'Aligné faisait aveu à Antoine de Beauvau, baron de Sillé, pour sa terre, fief et domaine de Combran, pour son hébergement, bois, plesses, garennes à connins, avec dénombrements de ses sujets.

Il spécifie qu'il a droit de faire tirer dans sa grange de Combran la dîme de tous les blés de son fief, appartenant au prieur, à condition que les pailles et bougrains restent au dit lieu.

Son fils Jean d'Aligné, seigneur de Chauffour et de la Rochelle, était propriétaire de Combran en 1499.

Combran fut vendu par ses héritiers aux seigneurs de Courbusain.

Le 28 juillet 1553, Claude de Saint-Berthevin, seigneur de Courbusain, vendit à Jacques de Courtarvel et à Suzanne de Thoinon, le fief et domaine de Combran pour 1.800 livres et s'engagea à faire le retrait sur Guillaume Lelarge qui l'avait acheté à réméré.

Le 10 juin 1561, le retrait lignager fut opéré sur Madame de Courtarvel, par Renée Lebossé, veuve de Jean Timont.

En 1609, René de Courtarvel se porta acquéreur de Combran, mais un jugement du 15 juillet 1615 attribua le fief et domaine de Combran à Catherine Guitté, veuve d'Etienne Cornu, sieur de Bray, pour ses remplois. Celle-ci le revendit ensuite au seigneur de Courtarvel.

En 1673, René de Courtarvel faisait aveu à Sillé pour la maison seigneuriale du lieu enclouse de murailles, avec une chapelle, le tout formant un grand corps de logis en ruines, une grange plus spacieuse, avec un moulin, le tout en mauvaise réparation.

VI. — LES PINS : PIN-HALLAY, PIN-CLASSÉ

Ces deux domaines formaient un arrière-fief relevant de la Bermondière à foi et hommage simple et une paire de gants blancs de service.

Le Petit-Pin appartenait au commencement du XVe siècle à la famille de Classé, de la paroisse de Saint-Germain-de-Coulamer, d'où lui est venu le nom de Pin-Classé, sous lequel il est désigné dans les titres.

En 1402, Guillaume de Classé, écuyer, fait un accord avec Jeanne de la Lucazière, veuve de Foulques de Courtarvel, au sujet de l'étang de Classé, et du moulin que celle-ci avait acheté.

En 1406, il achète une pièce de terre nommée le Clos-Berthé, et échange une terre du Pin-Classé avec Habert des Fougerais (1). Il vendit ensuite le Pin pour se libérer d'une amende à laquelle il avait été condamné par la justice du Maine (2).

En 1414, Henri Conilleau est cité comme propriétaire dans un aveu de la Bermondière.

Le Grand-Pin appartenait à la même époque à Jean du Hallay, écuyer, d'où lui est venu le nom de Pin-Hallay.

(1) Chartrier de la Lucazière.

(2) « Au Carême de 1409, Guillaume de Classé se permit de retenir le poisson que le roi et la reine de Sicile, alors au Mans, avaient envoyé chercher en un étang « vers le pays du Désert » ; puis pour se soustraire à la justice laïque, il se déclara clerc non marié et son méfait se trouva justiciable de l'évêque, sauf indemnité envers son suzerain ». — A. Angot, *Dictionnaire de la Mayenne* : art. Classé.

Après le désastre d'Azincourt (1415), il avait eu besoin d'argent, et pour s'en procurer il avait engagé son domaine pour une rente de 16 boisseaux de seigle et de 16 boisseaux d'avoine à Pierre Ferquin, seigneur de la Bermondière. Cette rente fut donnée en partage à Marguerite Ferquin, qui la céda ensuite à Jean du Pin. René du Hallay racheta cette rente avant 1454.

Le 21 août 1454, René du Hallay, écuyer, seigneur des Hayes et de la Roche de Souligné, demeurant paroisse de Souligné, vend à Etienne Hatry d'Aligné, écuyer, seigneur de Chauffour et de Saint-Marceau, les lieux et domaines du Pin-Hallay et de Combran, avec tous leurs droits seigneuriaux. Est compris dans la vente le tiers de la dîme des grains qui sont tirés dans la grange du Grand-Pin, ainsi que les deux tiers des pailles et tous les bougrains qui restent à la métairie.

Le Petit-Pin, appartenant à la famille Angevin, fut acquis, avant 1476, par Etienne d'Aligné.

En 1472, ce seigneur et son fils, Jean d'Aligné furent poursuivis pour n'avoir pas rendu les devoirs d'obéissance pour leur fief de la Rochelle, à Saint-Mars. Jean Pérot, seigneur de Vernie-le-Moutier et d'Illiers, licencié ès-lois, agissant par commission du Comte du Maine, fit saisir les terres de la Rochelle, et envoya des faucheurs pour couper l'herbe d'un pré. C'est alors qu'éclata une scène violente où les mœurs de l'époque sont prises sur le vif.

« Pendant que les serviteurs de Jean Pérot étaient occupés, en vertu de la saisie, à faucher un pré du lieu de la Rochelle, Etienne d'Aligné, accompagné de son fils et de 35 à 40 hommes, garnis de vouges, javelines, haches d'armes, dagues, épées et autres armes invasibles, se transportèrent dans lad. pièce de pré, et incontinent qu'ils furent arrivés aud. pré, Jean d'Aligné, fils dud. Etienne d'Aligné, tira son épée toute nue et tout à cheval courut droit où étaient les faucheurs, et de prime face renia Dieu notre créateur qu'il les tuerait tous, et lui et les autres de sa compagnie, frappèrent dessus les dits faucheurs de leurs épées, vouges et javelines, à tort et à travers, et tellement que aucuns faucheurs furent blessés et navrés, et finalement par le moyen desd. excès fut led. foin emmené par le sieur d'Aligné et ses complices ; et pour ce que le sergent dud. seigneur dit aud. d'Aligné qu'il n'était pas bien de ainsi outrager led. seigneur, ses gens et serviteurs, le fils dud. d'Aligné demanda où était le vilain avocat en parlant dud. seigneur et renia de rechef Dieu notre créateur, par plusieurs fois, en disant que s'il le tenait il lui couperait les deux oreilles rasibus de la tête, et encore lui oterait la tête dessus les épaules, et dit au sergent que s'il en parlait davantage, il le tuerait, en l'appelant vilain bédeau » (1).

Etienne d'Aligné et son irascible fils furent cités à raison de ces violences devant le tribunal de la sénéchaussée du Mans où ils furent condamnés sévèrement.

Etienne d'Aligné fonda, le 16 mai 1485, une chapelle en l'honneur de la Sainte-Trinité, à charge de trois messes par semaine à son château de Chauffour, et la dota des deux tiers des dîmes qu'il possédait dans la paroisse de Mont-Saint-Jean. Cette dîme s'étendait sur les Pins, les Alleux, la Bufardière, et sur tout le fief de Mondan (2).

Jean Hatry d'Aligné avait succédé à son père avant 1499, il avait épousé Marguerite d'Avaugour ; il possédait les fiefs

(1) Archives de la Sarthe. E, 3/123, nº 24.

(2) Chapelle de la Trinité de Chauffour, fondée le 16 mai 1484 par Etienne d'Aligné, seigneur de Chauffour, décrétée le 4 mai 1489. Revenu : 150 livres, les deux tiers des dîmes dans le canton des Pins ; charges : trois messes par semaine.

Pouillé du diocèse du Mans.

Le Chapelain de Chauffour devait hommage au fief de Combran pour la dîme qui se tirait dans la grange du Pin-Hallay et payait 28 livres de rachat à chaque mutation de titulaire.

de Chauffour, Classé, la Rochelle, Saint-Marceau, les Pins et Combran.

Après la mort de Jean d'Aligné, Chauffour et les Pins passèrent à Jean Rabault, seigneur d'Yvoy (1).

Son fils François Rabault, seigneur d'Yvoy, Chauffour et Chenay, vendit le Pin-Classé pour 1.250 livres à Jacques Leroy, écuyer, seigneur des Vallettes et à Jeanne Ferquin, dame du Plessis-Breton, 16 avril 1536. Jean Rabault, son frère, qui avait hérité du Pin-Hallay, le vendit à Jacques Leroy. Jeanne Ferquin vivait encore en 1584.

Leur fils, Thomas Leroy, seigneur du Plessis, avait épousé Olive de Moré, dont il eut quatre enfants, Guy, François, René et Françoise Leroy. Olive de Moré faisait le partage de ses biens le 20 avril 1613, pour éviter tout procès entre ses enfants.

Guy Leroy, écuyer, seigneur du Plessis-Breton, eut le Pin-Hallay. François Leroy, sieur du Rancher, eut le Pin-Classé.

Ils vendirent en même temps leurs propriétés à M. René de Courtarvel le 6 mars 1615. Mais leurs créanciers firent saisir les métairies et les firent vendre par adjudication. Le Grand-Pin fut définitivement acquis le 13 juin 1616 par M. de Courtarvel pour 5.100 livres.

Le Petit-Pin, adjugé à M. Gallois de Barat fut rétrocédé par celui-ci à M. de Courtarvel pour 5.500 livres, le 6 février 1616.

Depuis ce temps le Grand-Pin et le Petit-Pin ont fait partie de la propriété de la Lucazière.

En 1698, M. le marquis de Courtarvel en faisait aveu à la seigneurie de la Bermondière.

VII. — FIEF D'ILLIERS

Il y avait autrefois un fief volant, nommé Illiers, qui

(1) Ivoy, seigneurie de la paroisse de Carelles, relevant de Mayenne.

comprenait dans son ressort la Boelle, appelée Gousselinière, la Rigaudière, La Vau, et des terres aux environs. Il relevait de la Lucazière.

Le premier seigneur d'Illiers est Guillaume Moreau, seigneur de Vernie-le-Moutier.

En 1385, il acquiert le lieu de la Rigaudière, sur laquelle il possédait une rente de deux setiers d'avoine et de vingt sous.

Son fils, Pierre Moreau, était seigneur d'Illiers en 1413 ; il recevait l'hommage de Jean Piau, pour le lieu de La Vau.

En 1444, il faisait avec sa sœur Jeanne Moreau, femme de Jean de Saint-Denis, le partage de la succession de Guillaume Moreau et de Michelle de Chambelay, ses père et mère. Il obtenait les seigneuries de Vernie-le-Moutier et d'Illiers.

En 1458, 8 février, il faisait un bail emphytéotique avec Jean Pingault, clerc, pour les métairies de la Rigaudière et de la Gousselinière, pour vingt sous, deux setiers de seigle et deux setiers d'avoine bonne et marchande, mesure de Sillé, le tout de rente annuelle et perpétuelle, et de cinq sous de service, à condition que si le bailleur veut faire venir la rente de grains au Mans, le preneur ne pourra s'y refuser moyennant qu'il lui sera payé dix sous par chaque charroi et harnais et les dépenses des charretiers à la décharge.

Jean Pérot, licencié en décret, prévôt du Mans, était seigneur de Vernie et d'Illiers en 1470, à cause de sa femme, Ysabeau Moreau. Son fils, Christophe Pérot, seigneur de Vernie et d'Illiers, fut sénéchal du Maine de 1518 à 1572.

Le fief d'Illiers fut ensuite acquis par le seigneur de Courtarvel.

PIÈCES JUSTIFICATIVES

I. — AVEU DE LA LUCAZIÈRE A SILLÉ

De vous très noble et puissant seigneur messire Jehan de Montejehan, chevallier, seigneur de Montejehan et Sillé-le-Guillaume, laquelle terre de Sillé-le-Guillaume vous appartient à cause de Madame vostre Fame, je Jahenne de la Lucazière, veufve de feu Fouquet de Courtarevel, tiens et advoue à tenir à foy et hommage simple, au regard de vostre baronnie de Sillé-le-Guillaume, c'est asçavoir mon herbergement de la Luzazière, si comme il se poursuit avec les jardins, boys, hayes, courtils, vergiers d'environ contenant quatrevingts journaux de terre, et mes plesses à connins ajouté o tout.

Item mon domaine de la Lucazière, contenant en terre arable, soixante-dix journaux ou environ, et dix-huit hommées de prés.

Item ma métairie de la Chatellière avec les maisons dud. lieu, jardins, court, boys, hayes d'environ contenant six jours de terre, et en terre arable trente journaux et cinq hommées de prés.

Item mon moulin à bled de la Lucazière, avec le droict des moutaux d'iceluy, avec la pescherie.

Item la moitié par indivis de la revenue prise et émolinnée du moulin foullerez de la Lucazière, pour ce que les hommes de la terre de Courtarevel sont contraignables aud. moulin, et pour ce le seigneur de Courtarevel y prend l'autre moitié des prises, et avec ce les biens et les portes dud. moulin.

Item sur le moulin de Combran avec les appartenances

d'iceluy, sept septiers, trois bouessaulx de seigle, mesure de Sillé, payables en trois fois à la Sainct-Jehan, à la Toussaint et à Nouël, et vingt-quatre anguilles ou douze deniers par chacune, si le meunier ne prend pas d'anguilles.

Item une pesche, garenne et défense en la rivière d'Orte, commençant aux prés de la Lucazière, allant contreval ladite rivière jusques au gué du Ferret, et avec ce septs soulz de rente à foy et hommage que m'est tenu faire Charles Droullin, sur une pescherie qui est au dessoubs de la Droullinière, la quelle pesche je luy ai baillée.

Item s'ensuit la déclaration de mondit féage de la Lucazière. Premièrement les hommes de foy, Jehan Desvron, pour quarante sols de rente que lui est tenu faire Macé Agin sur la Villaine.

Iiem le rectour de Mont-Sainct-Jehan pour vingt sols de rente qu'il a sur la Villaine que tient Macé Agin.

Item Jehan Vaidie est mon homme de foy simple pour une maison et six jours de terre au lieu de la Vau.

Item Pierre Moreau est mon homme de foy simple à cause de son fief d'Illiers et son domaine de la Gousselinière (La Boelle) contenant en terre arable cinquante journaux et six hommées de pré.

Item pour un lieu appelé la Rigaudière.

Item s'ensuit la déclaration dud. féauté d'Illiers :

1. Guillaume de Laval, pour son domaine de la Rigaudière.

2. Guillaume et Jehan les Jarys, pour la Rembeudière et l'Asselinière.

3. Jamet Piau, Colin Gault, pour leurs héritages de la Vau.

Item vault le fief d'Illiers de revenue 1 soulz par an et m'est tenu faire six sols par chacun an.

Guillaume Desgrois, pour le domaine de la Barbière, contenant trente-six journaux de terre, six hommées de pré.

Item Charles du Mesnil est mon homme de foy simple en raison de son fief de l'Eperonnière et de la Biselière, de la Pestière et du Vaumorin, appellé le fief de la Biselière.

Item le seigneur de Chauffour tient de luy en franc paige trente souls de rente qu'il a en son fief.

Item Geoffroy Mahoué tient de lui en franc paige le domaine de la Pestière, valant lesdits fiefs six livres par an, et est tenu me faire une paire de gants simples à la Toussaint, et dix sols de taille.

Item les Angevins mes hommes de foy à cause de certaines choses qui sont au domaine du Pin, six journaux de terre, 2 souls et 2 parts de deux poulles de rente, et le tiers d'un glinouit à gliner par an, un jour seulement au domaine de la Lucazière, et quintance une fois en leur vie.

Item Gervaise Seignour, pour ce qu'il a au domaine du Pin, six journaux avecques le hébergement dud. lieu, pour lesquelles choses est tenu me faire quatre soulz de faige et deux parts de deux poulles de rente, et les deux parts d'un glinouit à gliner au domaine de la Lucazière, et quintaice une fois en sa vie, o avenant semonce.

Item Jehan de Velles et Jahenne de Courtarouel ma fille, tiennent de moy en paraige le domaine des Alleux, contenant cinquante journaux et sept hommées de pré.

Item sensuit les cens du féage deus à la Toussaint, comprenant des redevances en argent, en poules, chapons, boisseaux d'avoine, etc.

Jehan de Juillé, VII s. VI d. et deux poules et deux cloches de myèvre pendant au cou de ses poules.

Jehan de Belléel, un chapiau de rouses à la Saint-Jehan.

Item sensuit les corvées à fener ès prés de la Lucazière tôt que les foins sont ès prés. . . . .

Item s'ensuit ceulx qui doivent gliner un jour seulement par an au domaine de la Lucazière. . . . .

Lesquelles choses tant en fief que en domaine j'ay et avoue basse justice, et mon franc droict, foy et hommage simple avec un bésier.

(Chartrier de la Lucazière, pièce parchemin.)

II. — AVEU A SILLÉ POUR COURTARVEL

De vous très noble et puissant seigneur Monseigneur Jehan de Montejehan, chevalier, seigneur de Montejehan et de Sillé-le-Guillaume, laquelle terre de Sillé-le-Guillaume vous appartient à cause de Madame vostre fâme, je Fouquet de Courtarevel tiens et advoue atenir à foy et hommage simple au regard de vos fièz de Sainct-Berthevin, c'est assavoir mon habergement de Courtarevel audessoubz de la motte avecques les jardins, courtils, vergiers et boys d'environ contenant trente journaux de terre ou environ.

Item mon domaine de Courtarevel appelé Landonnière, avesques l'aunay estre audit lieu, contenant en terre arable soixante journaux de terre ou environ, et journées à vingt-trois hommes faucheurs de prés ou environ.

Item mon domaine de la Voye, contenant trois maisons avecques la court close, vergiers, et jardins d'environ et six vingts journaux de terre ou environ, tant en terres arables que en brosses, pastures, bruyères et boys.

Item un vivier à mettre poissons sis audit lieu.

Item journées à treize hommes faucheurs de prés ou environ.

Item ma métayrie de la Gaudfrais en laquelle a une messonnaye, contenant en terres arables, courtils, vergiers, pastures, bois et brosses, trente-six journaux, et journées à six hommes faucheurs de pré.

Item ma métayrie de la Buglère, en laquelle a trois maisons et contenant tant courtils, vergiers, boys, brosses, bruyères, que terres arables, vingt-cinq journaux de terre et journées à deux hommes de pré.

Item mon domaine et habergement de la Chalousière ouquel a deux maisons et une messonnays où souloit estre la grange, contenant en courtils, vergiers, boys, broces, bruière, terres arables et pasturages, cent journaux de terre, et journées à dix hommes de pré, avecques un alnay, sis audessoubs des prés.

Item la moitié du bois du Breil-Aubert, du cousté de la Chalousière, laquelle moitié contient vingt jours de terre.

Item le boys de la Foutelays contenant six vingts journaux de terre ou environ.

Item un boys sis jouxte le lieu de la Foutelays ouquel bois mes hommes estagiers de Courtarvel ont leur féage et usaige tant à la réparation et édification de maisons que à chauffage et pasturage, ouquel boys je puis prendre comme eulx sans point en vendre et contient ledit boys environ cinquante journaux.

Item troys estangs, l'un appellé l'estang de Courtarvel, l'autre l'estang de la Jouaffrière, et l'autre l'estang de Landonnière.

Item mon moulin à blé de Courtarevel avec le droit des moutaux d'icelui.

Item la moitié par indivis de la revenue prisse et émolinée du moulin foullerez de la Lucazière, pour ce que mes hommes de ma terre de Courtarevel sont contraignables dancien aud. moulin.

Item mon moulin à sayer carreaux avecques la pescherie d'icelui.

Item ma pesche garennée et défensable sise en la rivière d'Orte, commençant au Gué-Aline alant à contreval ladite rivière jusques à un pré appellé le pré aux Prestres, qui est à présent Habert Fougeray, tant ès biens de moulin que ailleurs.

Item sensuyt la déclaration de mon féage de Courtarevel. Premièrement les hommes de foy : Geoffray Hemery mon homme de foi simple, troys fois par raison de son domaine de la Emerière, pour terres du Pissot et de la Duchetière, pour raison desquelles chouses led. Geffroy est tenu faire et paier chacun an au jour de l'Angevine, c'est assavoir à cause de la Hemerière, troys soulz quatre deniers et troys bouessauls d'avaine, mesure de Sillé de service et deux charroy à amener mes foins, d'un pré de huit journées sis en la rivière d'Orte près mon moulin à saier carreaux à mon houstel de Courtarevel.

Item deux charroys à m'amener du vin pour un jour en temps de vendenges ou devant la Toussaint. Item demy charroy pour un jour à m'amener mon boys de chauffage de Noel, lesquelles corvées me sont deues par chacun an o avenant semonce.

Item Pierrot Guillart mon homme de foy simple à cause de son domaine de la Guillardière, contenant vingt journaux de terre et deux hommées de pré, m'est tenu faire chacun an au jour de l'Angevine huit soulz, six bouessaux d'avaine et une poule.

Item Vincent Guilliet, homme de foy simple pour son domaine du Pissot.

Philippot Bouffay pour son domaine de la Belotière, contenant vingt-cinq journaux, sept souls de service.

Jehan Goasllart, pour la Goualardière, foi et hommage simple.

Jehan du Chesnay, pour des terres nommées le Touscheron, cinq deniers.

Lesquels hommes de foy me sont tenus faire plége, gage, droit et obéissance, comme à leur seigneur de fié par la coustume du pays et les tailles jugées quant elles eschéent estre levées.

Item sensuyvent les cens dud. féage deus chacun an au jour de Toussaint :

Premièrement Geoffroi Hémeri, trois mailles ; le curé de Mont-Sainct-Jehan six deniers pour son domaine de la Bienvenière ; Habert Fougeray, deux deniers ; Vincent, Guillaume et Geoffroy Hemeri, cinq sols ; Jehan Rigollé, troys soulz ; les hoirs feu Jehan de Quinquempaist, neuf soulz ;

Jehan d'Esvron, deux soulz ; Jehan des Mezerettes, dix deniers ; Jehau Agin, à cause de sa fame, six poulles et six cloches de gingenbre pendant au coul de ses poulles ; Jehan Angevin, deux deniers ; Jehan Sevin, cinq deniers et deux gélines ; Estienne le Bugle, douze soulz, deux chappons et une poulle ; le chevecier du chapitre de Sillé, deux souls, six deniers ; Jehan Morin, quatorze soulz, six deniers, quatre chappons, deux poulles, et un cent d'espuignes ; Jehan Belot, trois sols, six bouessaux d'avaine et six poussins.

La fabrice de l'église de Mont-Sainct-Jehan, six deniers.

Item s'ensuyvent ceux qui me doivent charroys chacun an à amener mes vins, en temps de vendanges, mon bois et chauffage de Noël, à amener mes fains de mes prés de Courtarvel, à mon dit houstel de Courtarevel, mes corvées à faner les fains, mes corvées à cueillir les chenevies, mes corvées à biener ès biens des moulins à blé, mes corvées à sayer les blés de ma dite terre, ... lesquelles corvées me sont deues chacun an o avenant semonce.

Item tous et chacum de mes hommes de Courtarvel, tant ceux qui tiennent de moy à foy que à cens, me doivent amener les meubles et les liz de mes moulins à blé, toutes et quantes fois le moulin en a nécessité à mes despens de bouche seulement.

Item ma garenne et défense à connins en ma terre de Courtarevel.

Item mes droits de chasser, tendre, tésurer et faire haies, courre et parcourre de jour et nuiz à toutes manières de bestes rouges, rousses et noires et les poursuivre et parcourre jusques à une pierre appellée la pierre de Monteputain, sise en la forest de Bercon, ou chemin tendant de Mont-Saint-Jean à Sillé, par toute mad. terre et ailleurs, et quant il me plait, excepté seulement qu'au jour ou vous et vos veneurs et gens chaceriez ou feriez chacer en votre d. forest de Bercon, je ne puis chacer, tendre, tésurer en mad. terre et boys que j'ai environ votre dite forest, et si de fait je y chaçois, tendais et tesurais et prenais bestes sauvaiges, moy non scavant que vous y chaciez, je suis tenu de vous rendre les bestes par moy prises sans amende.

Es quelles chouses je ay et advoue avoir droit de basse justice censie, mon ferme droit, mes coustumes, espaves mobiliaires et foncières pour raison desquelles chouses vous doy quarante souls de taille, au regard de votre fié de Saint-Berthevin.

(Chartrier de la Lucazière, pièce parchemin.)

L'aveu de Courtarvel de 1414 fut présenté par Jean de Courtarvel le 24 juin, à la cour de Sillé, qui inscrivit une note de blâme de l'aveu « en ce qu'il avoue garenne et défense à grosses bestes et avoir parcourre en ses bois et courre jusqu'à la pierre de Monteputain en la forêt de Sillé et il n'en a point ».

III. — TESTAMENT DE FOULQUES IV DE COURTARVEL

In nomine Patris et Filii et Spiritus Sancti, le vingt-troisième jour de septembre mil cinq cens trente et troys en nostre court et pardevant nous personnellement establi, noble et puissant Messire Fouques de Courtarvel, chevallier, seigneur dud. lieu, de Pézé, la Lucazière, Boysgency, la Courseure et Sainct-Germain, soubmettant luy ses hoirs ..... cognoist et confesse avoir faict, constitué, establi et ordonné par ces présentes, son testament et dernière volonté en la forme et manière que ensuit.

Et premier, je Fouques de Courtarvel, chevallier, seigneur dud. lieu, sain de pensée et entendement, par la grâce de Dieu mon créateur, considérant qu'il n'est chose plus certaine que la mort ne chose plus incertaine que l'heure d'icelle, non voulant décéder de ce présent monde intestat, mais vivre et mourir comme un bon et vray catholicque en la foy de mon Seigneur Jésus-Christ, faict et ordonne mon testament en la forme qui en suit.

Et prémier, je recommande mon âme à Dieu mon créateur, à la glorieuse Vierge Marie, à Sainct Pierre, à Sainct Paul, à Sainct Michel l'Ange, à Sainct Jean, Sainct Martin, Sainct Germain, Saint Jullian, Saincte Barbe, et à toute la Court céleste de paradis, et veut et ordonne mon corps estre mis et ensépulturé en l'église parroissiale de Mont-Sainct-Jehan, quant serai décédé de ce présent monde.

Item je veil estre dict et célébré au jour de mon enterraige, et septime messes à tous venants.

Item je veil estre dict et célébré pour moy et mes amys trespassés en chacune des églises paroissiales de Mont-Sainct-Jehan, Pézé-le-Robert et Sainct-Germain de Coulamer, ung annuel solempnel.

Item je veil et ordonne estre employé pour mon luminaire aux jours de mon enterraige et septime le nombre et quantité de treize torches et treize cierges de cire ou nom des treize apostres et cinq torches et cinq cierges ou nom des cinq playes de Nostre Seigneur, et à chacun des pouvres qui porteront lesd. torches et cierges, je leur donne et lesse une aune de bureau ou d'autre drap.

Item je donne pour faire la prière pour moy aux curés et fabricques des églises cy-après nommées par moitié à chacune d'icelles deux sous six deniers tournois une foys payés seulement ; scavoir est : à Mont-Sainct-Jehan, Pézé, Sainct-Germain, Crissé, Sainct-Rémy, Ségrie, Vernie.

Item je veil et ordonne les voyages qui sensuivent estre faicts et accomplis ; scavoir est : ung voyage à Sainct-René d'Angers, ung à Nostre-Dame d'Esvron, ung à Sainct-Suzanne, ung à Sainct-Sélerin, ung à Nostre-Dame de Lorette, à Abbeville.

Item je lesse à Ambroyse Couaisnon, sa vie durant la métairie des Rembert et qu'il soit nourri à la maison de céans.

Item je donne à Louyse de la Lucazière, sa vie durant, la métairie des Touches, qu'elle soit nourrie dans la maison de céans ou une rente de vingt livres.

Item je ordonne estre mis et employé en aumosnes pour marier pouvres filles, la somme de deux cens livres.

Item je donne à Jacques de Courthiou pour avoir un coustault, la somme de trente escuz.

Item je donne à Julien Hubert, mon serviteur, quinze livres.

Item je donne à Bastian Angot, huit boisseaux de blé et une pipe de ciltre et demy pourceau de pension sa vie durant.

Item je veil que Jehan Goupart soit nourri et entretenu en la maison de céans.

Item à Jacques Baguelin, prestre, quinze livres.

Item je ordonne que tous les habillements et accoustrements qui sont céans appartenant à demoiselle Jehanne de Videleu luy soient rendus et restitués.

Item je veil qu'il ne soit fait aucune assemblée de gentilshommes ne autres gens, ne porter velours au jour de mon enterraige.

Item je lesse et ordonne mes petits enfants en la garde de ma femme et la prie de les faire apprendre et estudier à l'escolle jousques à leur aage de vingt ans.

Après sensuivent les dettes tant de moy que de mes parents. . . . .

Item je doibs à un hoste de la Basse-Boulongne qui demeure en la grant rue qui va au chasteau sur gauche, et faut demander où estoit logé de Courtarouvel qui portait l'enseigne du deffunct Monseigneur d'Alenczon, je luy doibs la somme de quatorze ou quinze livres, il en a cédulle.

Item je doibs à M. de Favières, 50 livres ; à Pierre Denyau, 46 livres.

Item je veil que si Ménardière veut jurer qu'il ait faict

diligence de recouvrer l'argent qui m'estoit deu pour raison de la garde du chasteau de Chantelles et du prisonnier qui m'estoit baillé en garde de par le roy qu'il soit payé de la somme de quarante escuz pour l'achat par luy faict de lad. garde, et si led. Ménardière est mort, je veil que ses héritiers soient payés.

Item je veil que la somme de 2.300 livres reçue de M. de Courtallain retourne à dame Françoise d'Avaugour, mon espouze, et jouisse de la terre de Boisgency, jusqu'au paiement des 2.300 livres.

Item je veil et ordonne mes vieux aymés Messire Antoine de Vassé, chevallier, noble homme Charles Pérot, seigneur de Vernye, frère Lancelot de Courtarvel, mon frère, prieur de Saulges, Dame Franczoise d'Avaugour, ma bonne espouze, mes exécuteurs de ce présent testament.

Item je dois à Monsieur de Vaunestien trente ou quarante livres pour la pension de mon frère.

Présents nobles hommes maistre Jehan Pérot et maistre Geoffroy Pérot, frère ; noble homme Jehan de Courtioul et autres.

J. Bédin, notaire.

(Archives de la Lucazière, pièce papier.)

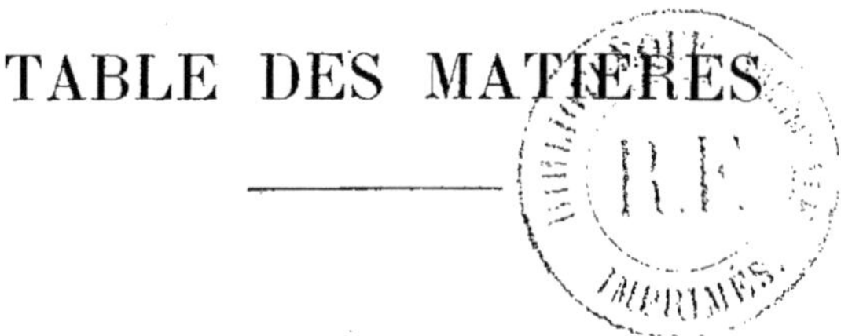

TABLE DES MATIÈRES

FIEFS DE MONT-SAINT-JEAN.

PIÈCES JUSTIFICATIVES.

ADDENDA

Page 38. — Le Pont-de-Varennes, château situé dans l'ancienne paroisse de Varennes, dont l'église fut ruinée en 1567 ; le service fut alors transporté dans la chapelle de la Roche-Ménier. Aujourd'hui le château dépend de la commune de Louresse, en Anjou. Le fief et la seigneurie relevaient du Grand-Taunay. Le château fut bâti par Jean Thoinon dans les premières années du XVIe siècle. Le joli castel, encore tout paré des coquetteries de la Renaissance, avec donjon, cour, chapelle, larges douves vives et pont-levis mobile, forme comme une oasis de verdure au milieu de la grande plaine nue. (C. Port, ***Dictionnaire historique de Maine-et-Loire.***)

Page 69. — Du mariage de Pierre de Faudoas et de Marie-Charlotte de Courtarvel naquirent :

1° Antoine-Jacques-Pierre de Faudoas, comte de Sérillac, marié : 1° à Dorothée du Prat, fille de Pierre du Prat et de Dorothée Le Maire de Millières ; 2° à Marie Hervé de Carbonnel de Canisy.

2° Jean-Joseph de Faudoas.

3° Louise-Catherine de Faudoas, mariée : 1° à Emmanuel-Jacques Le Silleur, de Sougé-le-Ganelon ; 2° à Jacques d'Anthenaise ; 3° à Pierre-Claude de Taillevis de Jupeaux.

4° Charles-Hubert de Faudoas, mort sans alliances. (Chartrier du château de Sérillac.)

Page 88. — Le 13 avril 1771, M. de Pézé de Courtalvert, chanoine honoraire, est mort âgé de 91 ans ; il avait été chanoine du Mans pendant 20 ans, et en l'année 1756 ou 1757, il se fit recevoir chanoine honoraire.

Les de Courtarvel appartiennent à la plus illustre noblesse du Maine. Henri-Hubert de Courtarvel, à l'âge de 15 ans, fut créé chanoine prébendé de Saint-Julien, et il prit possession, le 29 novembre 1694, du canonicat résigné en sa faveur par René Le Tourneur. Il conserva ce bénéfice jusqu'en 1720 : à cette époque, il se démit de sa prébende et devint chanoine de Nantes. Le 15 janvier 1725, l'archevêque de Rouen lui donna des lettres de grand-vicaire. Après avoir été longtemps aumônier du roi, l'abbé de Courtarvel était encore, au moment de sa mort, l'un des officiers de la Sainte-Chapelle de Vincennes.

Il demeurait ordinairement à Paris. C'est au cours d'un voyage qu'il fit à Montfort-le-Rotrou, chez son neveu le comte Claude-François de Murat, qu'il fut surpris par la mort. Il fut enseveli dans la chapelle du château. (*Mémoires du chanoine Nepveu de la Manouillère*, tome I, page 115.)

Page 105. — Armes de la famille de Dreux-Brézé : *D'azur à un chevron d'argent accompagné en chef de deux quintefeuilles de même, et en pointe, d'une ombre de soleil d'or.*

MAMERS. — IMPRIMERIE FLEURY. — 1913.

www.ingramcontent.com/pod-product-compliance
Ingram Content Group UK Ltd.
Pitfield, Milton Keynes, MK11 3LW, UK
UKHW022112260726
13993UKWH00001B/477

9 782019 971113